PROGRAMMES OFFICIELS

POUR

L'ENSEIGNEMENT SECONDAIRE CLASSIQUE

ET POUR

L'ENSEIGNEMENT SECONDAIRE SPÉCIAL

AVEC

LES INSTRUCTIONS MINISTÉRIELLES QUI S'Y RAPPORTENT

NOUVELLE ÉDITION

CONFORME AUX ARRÊTÉS DES 30 JANVIER, 24 ET 25 MARS 1865

PARIS

LIBRAIRIE DE L. HACHETTE ET Cⁱᵉ

BOULEVARD SAINT-GERMAIN, N° 77

Mai 1865

EXTRAIT DU CATALOGUE

DE LA LIBRAIRIE DE MM. L. HACHETTE ET Cⁱᵉ

MÉTHODE UNIFORME POUR L'ENSEIGNEMENT DES LANGUES

PAR E. SOMMER

Premières notions de grammaire générale ou *Exposé des principes de la Méthode uniforme*, par E. Sommer. In-12, 75 c.

1° LANGUE FRANÇAISE.

Abrégé de grammaire française, par E. Sommer. In-12, 75 c.
Questionnaire sur l'Abrégé de grammaire française. in-12, 40 c.
Exercices sur l'Abrégé de grammaire française, par A. Castillon. In-12, 75 c.
Exercices sur l'analyse grammaticale et l'analyse logique, par F. de Parnajon. In-12, 1 fr.
Cours complet de grammaire française, par E. Sommer. In-8, 1 fr. 50 c.
Exercices sur le Cours complet de grammaire française, par F. de Parnajon. In-8, 1 fr. 50 c.

2° LANGUES ANCIENNES.

Abrégé de grammaire latine, par E. Sommer. In-12, 1 fr. 25 c.
Questionnaire sur l'Abrégé de grammaire latine. In-12, 50 c.
Exercices sur l'Abrégé de grammaire latine, par F. de Parnajon. In-12, 1 fr. 25 c.
Cours complet de grammaire latine, par E. Sommer. In-8, 2 fr. 50 c.
Exercices sur le Cours complet de grammaire latine, par F. de Parnajon. In-8, 2 fr. 50 c.
Cours de versions latines, 1ʳᵉ partie, à l'usage des classes de huitième et de septième. In-12, 1 fr.
Cours de thèmes latins, par F. de Parnajon. In-12, 1 fr. 50 c.
Abrégé de grammaire grecque, par E. Sommer. In-12, 1 fr. 50 c.
Questionnaire sur l'Abrégé de grammaire grecque. In-12, 60 c.
Exercices sur l'Abrégé de grammaire grecque, par F. de Parnajon. In-12, 1 fr. 50 c.
Cours complet de grammaire grecque, par E. Sommer. In-8, 3 fr.
Exercices sur le Cours complet de grammaire grecque, par F. de Parnajon. In-8, 3 fr.
Cours de versions grecques, 1ʳᵉ partie à l'usage des classes de sixième et de cinquième. In-12, 1 fr.
Cours de thèmes grecs, par F. de Parnajon. In-12, 1 fr. 50 c.

3° LANGUES ÉTRANGÈRES.

Abrégé de grammaire anglaise, par C. Fleming. In-12, 1 fr. 25 c.
Exercices sur l'Abrégé de grammaire anglaise, par C. Fleming. In-12, 1 fr. 25 c.
Cours complet de grammaire anglaise, par C. Fleming. In-8, 3 fr.
Abrégé de grammaire allemande, par A. Desfeuilles. In-12, 1 fr. 50 c.
Exercices sur l'Abrégé de grammaire allemande (sous presse).

PROGRAMMES OFFICIELS

POUR

L'ENSEIGNEMENT SECONDAIRE CLASSIQUE

ET POUR

L'ENSEIGNEMENT SECONDAIRE SPÉCIAL

A LA MÊME LIBRAIRIE.

Programme des connaissances exigées et instruction ministérielle pour l'admission à l'École spéciale militaire de Saint-Cyr. Brochure in-12. Prix.   20 c.

Programme des connaissances exigées et instruction ministérielle pour l'admission à l'École polytechnique. Brochure in-12. Prix.   40 c.

Règlement et programmes du baccalauréat ès lettres. Brochure in-12. Prix.   30 c.

Règlement et programmes du baccalauréat ès sciences. Brochure in-12. Prix.   30 c.

Imprimerie générale de Ch. Lahure, rue de Fleurus, 9, à Paris.

PROGRAMMES OFFICIELS

POUR

L'ENSEIGNEMENT SECONDAIRE CLASSIQUE

ET POUR

L'ENSEIGNEMENT SECONDAIRE SPÉCIAL

AVEC

LES INSTRUCTIONS MINISTÉRIELLES QUI S'Y RAPPORTENT

NOUVELLE ÉDITION

CONFORME AUX ARRÊTÉS DES 30 JANVIER, 24 ET 25 MARS 1865

PARIS

LIBRAIRIE DE L. HACHETTE ET Cᵗᵉ

BOULEVARD SAINT-GERMAIN, Nᵒ 77

—

Mai 1865

PROGRAMMES OFFICIELS

POUR

L'ENSEIGNEMENT SECONDAIRE CLASSIQUE

ET POUR

L'ENSEIGNEMENT SECONDAIRE SPÉCIAL

(Mai 1865)

PROGRAMMES SOMMAIRES.

ENSEIGNEMENT RELIGIEUX.

L'enseignement religieux est donné une fois par semaine à chaque division d'élèves. Chaque leçon est d'une heure.

Les élèves externes dont les parents le demandent sont admis aux cours de l'enseignement religieux.

L'enseignement religieux donne lieu, comme les autres enseignements, à des compositions périodiques et à des récompenses.

La répartition des divers cours d'enseignement religieux entre les ecclésiastiques attachés à chaque lycée, l'ordre des compositions et généralement tout ce qui se rapporte à la discipline des cours d'instruction religieuse est réglé par le proviseur, de concert avec l'aumônier.

L'inspection dogmatique de l'enseignement religieux est faite au nom de l'évêque diocésain et par ses délégués, en présence du proviseur ou de tel autre représentant du Ministre de l'instruction publique.

Des mesures analogues sont prescrites pour les élèves appartenant au culte non catholique.

1

ENSEIGNEMENT SECONDAIRE CLASSIQUE.

DIVISION ÉLÉMENTAIRE.

EXERCICES COMMUNS AUX TROIS ANNÉES.

Lecture, écriture, récitation française, exercices d'orthographe. — Explication du sens précis de chaque mot, de chaque phrase et de chaque alinéa.

Dans la classe préparatoire et en huitième, histoire sainte et notions élémentaires de géographie générale.

En septième, histoire et géographie sommaire de la France. — Récits simples, lus par le maître et répétés par l'élève, de vive voix ou par écrit.

Les quatre règles et le système légal des poids et mesures enseignés par la pratique.

En huitième et en septième, grammaire latine, explication d'auteurs latins, thème latin, version latine.

LISTE DES LIVRES CLASSIQUES

POUR LA DIVISION ÉLÉMENTAIRE.

Évangiles des dimanches, en français.
Morceaux choisis des auteurs classiques, en prose et en vers.
Fénelon : *Fables.*
La Fontaine : *Fables choisies.*
Epitome historiæ sacræ.
Epitome historiæ græcæ.
De viris illustribus urbis Romæ.
Appendix de diis et heroibus poeticis [1].

---

1. Le choix des éditions de ces divers ouvrages, ainsi que celui des grammaires et des dictionnaires, est abandonné désormais à MM. les professeurs, sous l'autorité du proviseur et du chef de l'académie.

DIVISION DE GRAMMAIRE.

EXERCICES COMMUNS AUX TROIS ANNÉES.

Récitation d'auteurs français et latins. — Grammaires française, latine et grecque. — Explication d'auteurs français, latins et grecs. — Thème latin. — Version latine. — Enseignement obligatoire d'une langue vivante (anglais, allemand, italien ou espagnol), de la musique et du dessin (Voy. les programmes III, VI et IX, p. 17, 19 et 21). — Gymnastique.

On enseigne dans les lycées une ou plusieurs langues vivantes, selon les besoins des localités, et après avis du recteur et du conseil académique.

Il sera donné à la fin de l'année des prix et des accessits pour l'enseignement des langues vivantes.

Deux leçons par semaine, d'une heure chacune, en dehors des heures ordinaires de classes, sont consacrées à cet enseignement.

En sixième, histoire ancienne de l'Orient (Voy. le programme I, p. 16), géographie physique du globe, géographie générale de l'Asie moderne (Voy. le programme II, p. 17). — Continuation des exercices pratiques de calcul.

En cinquième, version grecque, exercices sur la grammaire grecque. — Histoire de la Grèce ancienne (Voy. le programme IV, p. 18), géographie générale de l'Europe et de l'Afrique modernes (Voy. le programme V, p. 19). — Continuation des exercices pratiques de calcul.

En quatrième, prosodie latine. — Version grecque. — Thème grec. — Histoire romaine (Voy. le programme VII, p. 19). — Géographie générale de l'Amérique et de l'Océanie (Voy. le programme VIII, p. 21). — Éléments d'arithmétique et notions préliminaires de géométrie (Voy. le programme X, p. 21).

En quatrième, par semaine, sept classes de lettres; une classe d'histoire et de géographie; deux demi-classes de langues vivantes; une classe de sciences.

L'enseignement de la musique est obligatoire, dans les lycées, pour tous les élèves des classes inférieures jusqu'à la quatrième inclusivement.

L'enseignement obligatoire comprend les matières suivantes :

Principes élémentaires de musique et de chant. Lecture, écriture et dictée musicale sur la portée.

Le but final de cet enseignement doit être : la lecture dans tous les tons majeurs et mineurs et avec les mesures les plus usitées, et l'exécution des morceaux de chant d'une difficulté moyenne, à une ou plusieurs voix.

Deux heures par semaine sont consacrées à l'enseignement musical obligatoire, pour chacune des divisions de cet enseignement. Ces leçons ne sont données ni le dimanche ni aux heures de récréation.

Les élèves sont divisés en plusieurs cours, autant qu'il sera possible, d'après leurs progrès en musique et non d'après la classe à laquelle ils appartiennent.

LISTE DES LIVRES CLASSIQUES

POUR LA DIVISION DE GRAMMAIRE.

Classe de sixième.

Maximes tirées de l'Écriture sainte par Rollin (texte latin).
Morceaux choisis de prose et de vers des classiques français.
La Fontaine . *Fables.*
Selectæ e profanis scriptoribus historiæ.
Phèdre : *Fables.*
Ésope.

Classe de cinquième.

Morceaux choisis de prose et de vers des classiques français.
Fénelon : *Dialogues des morts.*
Racine : *Esther.*
Selectæ e profanis scriptoribus historiæ.
Justin.
Cornelius Nepos.
Élien : *Extraits.*
Lucien : *Dialogues des morts.*

Classe de quatrième.

Évangile selon saint Luc (texte grec).
Morceaux choisis de prose et de vers des classiques français.
Fénelon : *Télémaque.*
Racine : *Athalie.* .
César : *De bello Gallico.*
Cicéron : *De amicitia.* — *De senectute.*
Quinte-Curce.
Ovide : *Métamorphoses.*
Virgile : *Énéide,* Ier et IIe livres.
Xénophon.
Plutarque : *Une des vies des hommes illustres.*

Langues vivantes (cours obligatoires).

Anglais.

Exercices de lecture et de conversation.
Recueil de versions faciles.
Miss Edgeworth : *Forester.*
Goldsmith : *The vicar of Wakefield.*

Allemand.

Exercices de lecture et de conversation.
Recueil de versions faciles.
Morceaux faciles extraits des auteurs classiques.
Lessing : *Fables choisies.*

Italien et espagnol.

Exercices de lecture et de conversation.

EXAMEN DE GRAMMAIRE.

Un examen, dit *de grammaire*, est subi à la fin de l'année de quatrième ; nul élève n'en est exempté. Cet examen roule sur les matières du programme de cette classe. — Un certificat est délivré par le recteur.

DIVISION SUPÉRIEURE.

EXERCICES COMMUNS AUX TROIS ANNÉES.

Récitation et explication d'auteurs français, latins et grecs. — Version latine. — Version grecque. — Vers latins. — Enseignement facultatif d'une langue vivante [1], de la musique et du dessin (Voy. les programmes XV, XXI, XXVI, p. 26, 31, 34). — Gymnastique.

En troisième, thème latin. — Histoire de la France et du moyen âge, du cinquième siècle au quatorzième (Voy. le programme XI,

1. Voir pour la méthode à suivre la circulaire ci-après du 29 septembre 1863, p. 119.

p. 22). — Géographie : description particulière de l'Europe (Voy. le programme XII, p. 23). — Enseignement scientifique (Voy. les programmes XIII et XIV, p. 24 et 25).

Par semaine, sept classes de lettres; une classe d'histoire; deux classes de sciences; une conférence de géographie.

En seconde, analyse d'auteurs français. — Thème latin (premier semestre). — Narration latine (deuxième semestre). — Histoire de la France, du moyen âge et des temps modernes, du quatorzième siècle au milieu du dix-septième (Voy. le programme XVI, p. 26).— Géographie : description particulière de l'Asie, de l'Afrique, de l'Amérique et de l'Océanie (Voy. le programme XVII, p. 27). — Enseignement scientifique (Voy. les programmes XVIII, XIX et XX, p. 28 et 29).

Même distribution des classes qu'en troisième.

En rhétorique, analyse littéraire d'auteurs français, latins et grecs. — Discours français. — Discours latin. — Histoire moderne et histoire de France, depuis l'avénement de Louis XIV jusqu'en 1815 (Voy. le programme XXII, p. 31). — Révision de la géographie générale (Voy. le programme XXIII, p. 32). — Enseignement scientifique (Voy. les programmes XXIV et XXV, p. 32 et 34).

Par semaine, huit classes de lettres ; une classe d'histoire; une classe de sciences ; une conférence de géographie.

CLASSE DE PHILOSOPHIE.

Cours de philosophie (Voy. le programme XXVII, p. 34). — Dissertation française et latine.—Analyse et explication d'ouvrages ou parties d'ouvrages philosophiques. — Histoire contemporaine (Voy. le programme XXVIII, p. 35). — Enseignement scientifique (Voy. les programmes XXIX, XXX, et XXXI, p. 40 et 42).

Par semaine, quatre leçons pour le cours de philosophie et l'étude des auteurs philosophiques; une leçon pour l'histoire; cinq leçons pour les sciences ; deux conférences en dehors des heures de classe, pour la révision de l'enseignement littéraire et les exercices de traduction et de composition latine.

MATHÉMATIQUES ÉLÉMENTAIRES.

Cette classe pourra être divisée, selon les besoins, en deux années : la première, ou *cours préparatoire*, pour les élèves qui n'auraient pas suivi les classes d'humanités ; la seconde, ou *classe de mathématiques élémentaires*, pour ceux qui sortiraient de rhétorique ou de philosophie.

Aucun élève ne sera admis dans le *cours préparatoire* s'il ne justifie, dans un examen spécial, des principales connaissances représentées par le programme de la classe de troisième.

Le *cours préparatoire*, ou la première année de *mathématiques élémentaires*, comprend, en cinq leçons par semaine, la révision de l'enseignement scientifique de la classe de troisième et les cours de seconde et de rhétorique, c'est-à-dire : 1º l'arithmétique, l'algèbre élémentaire, la géométrie et la cosmographie; 2º l'histoire naturelle. On suivra pour les mathématiques les programmes XIII, XIV, XVIII, XIX, XXIV et XXV, p. 24, 25, 28, 32 et 33, en y ajoutant, s'il y a lieu, des compléments proportionnés à la force des élèves; pour l'histoire naturelle on se conformera au programme XX, p. 29.

Les cinq autres leçons de la semaine sont réservées pour l'enseignement littéraire, qui comprend : 1º la version latine et l'explication des auteurs latins; 2º la composition française et l'explication des auteurs français; 3º le résumé des cours d'histoire de seconde et de rhétorique; 4º la géographie générale; 5º l'étude d'une langue vivante.

L'enseignement littéraire de la classe de *mathématiques élémentaires* proprement dite comprend : 1º la version latine et l'explication des auteurs latins et français; 2º le résumé des cours d'histoire des classes de rhétorique et de philosophie (Voy. les programmes XXII et XXVIII, p. 31 et 35; 3º le résumé du cours de philosophie (Voy. le programme XXVII, p. 34).

Une leçon par semaine est consacrée aux exercices de traduction ; une seconde à l'enseignement historique; une troisième d'une heure, le jeudi matin, à l'enseignement philosophique. Il y a, en outre, des conférences pour la géographie et les langues vivantes[1].

L'enseignement scientifique de la classe de mathématiques élémentaires (Voy. les programmes XXXVI à XLV, de la p. 43 à la p. 53) comprend huit leçons par semaine, dont cinq consacrées aux mathématiques et trois aux sciences physiques. Il y a, en outre, des conférences, des interrogations et des exercices de dessin (Voy. le programme XXVI, p. 34).

LISTE DES LIVRES CLASSIQUES

POUR LA DIVISION SUPÉRIEURE ET POUR LES CLASSES DE PHILOSOPHIE ET DE MATHÉMATIQUES ÉLÉMENTAIRES.

Classe de troisième.

Morceaux choisis de prose et de vers des classiques français.

1. Voir pour la méthode à suivre la circulaire ci-après du 29 septembre 1863, p. 118.

Voltaire : *Charles XII.*
Montesquieu : *Considérations sur la grandeur et la décadence des Romains.*
Boileau : *Satires.* — *Épisodes du Lutrin.*
Cicéron : *Pro Archia poeta.* — *Pro Marcello.*
Salluste.
Térence : *Andrienne.*
Virgile : *Églogues.* — *Épisodes des Géorgiques.* — *Énéide*, IIIᵉ et IVᵉ livres.
Isocrate : *Panégyrique d'Athènes.*
Plutarque : *Un des principaux traités de morale.*
Lucien : *De la manière d'écrire l'histoire.*
Choix de discours des Pères grecs.
Homère : *Iliade.*

Classe de seconde.

Morceaux choisis de prose et de vers des classiques français.
Bossuet : *Discours sur l'histoire universelle,* IIIᵉ partie.
La Bruyère.
Voltaire : *Siècle de Louis XIV.*
Boileau : *Épîtres.*
Théâtre classique.
Narrationes.
Cicéron : *Catilinaires.* — *Le Songe de Scipion.*
Tacite : *Vie d'Agricola.*
Virgile : *Énéide*, VIᵉ, VIIᵉ et VIIIᵉ livres.
Horace : *Odes.*
Démosthène : *Olynthiennes.* — *Philippiques.*
Platon : *L'Apologie.* — *Le Criton.* — *Extraits choisis.*
Homère : *Odyssée.*
Euripide.

Classe de rhétorique.

Pascal : *Pensées.*
Bossuet : *Oraisons funèbres.*
La Bruyère.
Fénelon : *Lettre à l'Académie française.*
Buffon : *Discours sur le style.*
Voltaire : *Siècle de Louis XIV.*
Boileau : *Art poétique.*
Théâtre classique.
La Fontaine : *Fables.*
Conciones.
Cicéron : *Orator.* — *Principaux discours.* — *Brutus, sive de claris oratoribus.*
Tacite.
Virgile.
Horace.
Thucydide.
Démosthène : *Philippiques.* — *Pro Corona.*
Sophocle.
Aristophane : *Extraits.*

Classe de philosophie.

Xénophon : *Mémoires sur Socrate.*
Platon : *Gorgias.*
Cicéron : *De republica.* — *Tusculanes.* — *De officiis.*
Sénèque : *Lettres choisies.*
Logique de Port-Royal.
Descartes : *Discours de la méthode.*
Pascal : *De l'autorité en matière de philosophie.* — *Réflexions sur la géométrie en général.* — *De l'art de persuader.*
Bossuet : *Traité de la connaissance de Dieu et de soi-même.*
Fénelon : *Traité de l'existence de Dieu.*

Classe de mathématiques élémentaires.

Morceaux choisis de prose et de vers des classiques français.
Bossuet : *Discours sur l'histoire universelle,* III⁰ partie.
Voltaire : *Siècle de Louis XIV.*
Théâtre classique.
Boileau.
La Fontaine : *Fables.*
Narrationes.
Cicéron : *Catilinaires.* — *Verrines.* — *De amicitia.*
César : *De bello Gallico.*
Virgile : *Eglogues.* — *Énéide,* Iᵉʳ et IIᵉ livres.
Horace : *Satires.*

Langues vivantes (cours facultatifs).

Anglais.

Morceaux choisis de prose et de vers.
Sheridan : *The school for scandal.*
Macaulay : *Essays.*
Milton : *Paradise Lost,* Iᵉʳ et IIᵉ livres.
Shakspeare : *J. Cæsar.* — *Macbeth.* — *King Lear.*

Allemand.

Morceaux choisis de prose et de vers.
Schiller : *Guillaume Tell.* — *Marie Stuart.* — *Histoire de la guerre de Trente ans.*
Goethe : *Iphigénie.* — *Hermann et Dorothée.*
Lessing : *Laocoon.*

Italien et espagnol.

Morceaux choisis des auteurs classiques.

Chaque professeur devra, chaque année, au mois de juin, déterminer, pour l'année suivante, dans les limites de la liste cidessus, les ouvrages ou parties d'ouvrages grecs, latins, français ou étrangers qu'il se propose de faire expliquer ou apprendre.

Ces listes, revisées par le chef de l'établissement et par l'inspecteur d'académie, seront adressées par ce fonctionnaire au recteur, qui les transmettra au Ministre de l'instruction publique, avec ses observations, avant le 1er août. Copie en sera communiquée à MM. les inspecteurs généraux.

La même recommandation s'adresse aux professeurs de la division élémentaire et de la division de grammaire.

MATHÉMATIQUES SPÉCIALES.

L'enseignement des mathématiques spéciales a pour objet les matières comprises dans le programme commun d'admission à l'École polytechnique et à l'École normale supérieure.

Les élèves reçoivent, par semaine, six leçons de mathématiques, deux leçons de sciences physiques, une leçon de littérature française et une leçon de langues vivantes. Il y a en outre des séances de manipulations chimiques et des exercices de dessin.

Les élèves sont soumis à de fréquentes interrogations.

Voici le programme sommaire des connaissances exigées pour l'admission à l'École polytechnique et à l'École normale supérieure :

Arithmétique.
Géométrie
Algèbre
Trigonométrie
Application de la géométrie et de la trigonométrie au levé des plans.
Géométrie analytique
Géométrie descriptive
Physique
Chimie.
Manipulations
Littérature française
Langues vivantes
Dessin géométrique.
Lavis
Dessin d'imitation

Voir les programmes détaillés de la classe de mathématiques spéciales (Progr. XLVI, p. 54).

ENSEIGNEMENT DE LA MUSIQUE

POUR LA DIVISION SUPÉRIEURE, LES CLASSES DE PHILOSO-
PHIE, DE MATHÉMATIQUES ÉLÉMENTAIRES ET DE MATHÉ-
MATIQUES SPÉCIALES.

L'enseignement de la musique est facultatif pour les élèves de
la classe de troisième et au-dessus.

L'enseignement facultatif de la musique peut comprendre, outre
les matières de l'enseignement obligatoire[1], les principes élémentaires de l'harmonie.

Une leçon d'une heure au moins par semaine est consacrée à
l'enseignement musical facultatif.

1. Voir ces matières, p. 3.

ENSEIGNEMENT SECONDAIRE SPÉCIAL [1].

Le nouvel enseignement spécial, qui a une durée de quatre années, et garde les enfants de douze à seize ans environ, comprend les matières suivantes : l'instruction religieuse, la langue et la littérature françaises, les langues vivantes, l'histoire et la géographie, des notions élémentaires de morale, de législation à l'usage des agriculteurs, des commerçants et des industriels, et d'économie industrielle et rurale, la comptabilité, la tenue des livres, les mathématiques appliquées, la physique, la chimie et l'histoire naturelle avec leurs applications à l'agriculture et à l'industrie, le dessin linéaire, le dessin d'ornement et le dessin d'imitation, la gymnastique et le chant [2].

On n'est admis dans les cours de première année qu'après un examen constatant que l'on possède bien les connaissances données par l'enseignement primaire.

A la fin de chaque année, un examen de passage sera subi par-devant une commission composée du proviseur ou principal, président, du directeur des études, s'il en existe un dans l'établissement, et des professeurs chargés de l'enseignement dans la classe où les candidats doivent entrer. En cas d'insuffisance, les élèves ne seront pas admis à monter dans la classe supérieure.

A la fin de la quatrième année, examen devant un jury spécial pour l'obtention du diplôme ès arts. Cet examen aurait moins pour but de s'assurer que la mémoire a fidèlement gardé en dépôt les connaissances qui lui ont été confiées que de rechercher, comme dans l'examen de sortie des RealSchulen allemands, si l'intelligence s'est approprié les matières de l'enseignement par une élaboration personnelle (Selbstandige Verarbeitung des Stoffs).

---

1. Nous avons demandé à l'autorité supérieure communication des programmes de l'enseignement spécial provisoirement arrêtés après l'avis du conseil impérial dans la session de novembre 1863. S. Exc. M. le Ministre, en nous accordant cette communication, nous a prescrit d'avertir le public que deux motifs s'opposent à la mise en vigueur de ces programmes et en ont retardé la publication : 1º le projet de loi sur l'enseignement spécial, actuellement soumis aux délibérations du Corps législatif ; 2º nécessité d'attendre que les résultats de l'expérimentation prescrite par la circulaire du 2 octobre 1863 soient connus. Ces nouveaux programmes ne deviendront ainsi exécutoires qu'après avoir subi la double épreuve de l'expérience et de la discussion.

2. Voir ci-après, p. 184, la circulaire adressée aux recteurs le 2 octobre 1863 sur l'enseignement spécial.

Tableau de la répartition des leçons par semaine pendant les quatre années de l'enseignement spécial.

1re *Année.*

Français (Pr. XLVII, p. 86)	3 leçons[1].
Langues vivantes (Pr. XLVIII, p. 87)	4
Histoire et géographie (Pr. XLIX et L, p. 88 et 89)	1
Arithmétique, tenue des livres (Pr. LI, p. 89) .	4

EXERCICES A FAIRE DANS L'INTERVALLE DES CLASSES.

Dessin d'imitation	3 heures.
Dessin graphique	2
Écriture.	3
Gymnastique; musique.	1

Le jeudi est réservé pour l'enseignement religieux, l'achèvement des devoirs en retard, les études libres, pendant lesquelles les élèves font des lectures ou écrivent à leurs familles, et pour la promenade, qui sera obligatoire.

2e *Année.*

Français (Pr. LII, p. 91)	2 leçons 1/2.
Langues vivantes (Pr. LIII, p. 91).	4
Histoire et géographie (Pr. LIV et LV, p. 91 et 93)	1
Mathématiques appliquées; premières notions de physique	3 1/2
Comptabilité (Pr. LVI, p. 93).	1

EXERCICES.

Dessin.	5 heures.
Écriture	2
Répétition de langues..	1 heure 1/2
Gymnastique, musique vocale.	1 heure 1/2

Le jeudi comme pour la première année; mais la matinée, dans

---

[1]. Les leçons sont de deux heures, excepté pour les classes de langues vivantes, qui, aux termes de la circulaire du 29 septembre 1863, ne doivent durer qu'une heure.

le second semestre, sera employée à des exercices d'arpentage et de levé de plans sur le terrain.

3ᵉ *Année.*

Français (Pr. LVII, p. 94.) . . . . 2 leçons 1/2.
Langues vivantes (Pr. LVIII, p. 96.) 3
Histoire et géographie (Pr. LIX et LX, p. 96
   et 98.) 1
Sciences appliquées (mathématiques, phy-
   siques et naturelles) (Pr. LXI, p. 98) . . 5

EXERCICES.

Comptabilité. . . . . 1 heure.
Dessin. 5
Écriture 1
Langues vivantes. 2
Gymnastique, musique vocale. 1

Le jeudi, manipulations de physique et de chimie.

4ᵉ *Année.*

Français (Pr. LXII, p. 99.) . . . . 1 leçon 1/2.
Langues vivantes (Pr. LXIII, p. 100.) 2
Histoire et géographie (pr. LXIV et LXV,
   p. 101 et 103.). 1
Notions de morale, de droit commercial et
   d'économie industrielle et rurale (Voy. les
   programmes LXVI et LXVII, p. 104 et 107) 1 1/2
Sciences mathématiques, physiques et naturelles (Voy. le programme LXVIII, p. 109) 5

EXERCICES.

Dessin. . . . . 4 heures.
Comptabilité. 1
Langues. 2
Gymnastique et musique. 1
Révision littéraire et scientifique. 2

Le jeudi, à l'intérieur, manipulations ; au dehors, visite des établissements industriels, excursions botaniques et géologiques.

5e *Année* (facultative).

Préparation à l'École centrale des arts et manufactures et aux écoles supérieures du commerce, selon les besoins locaux.

L'enseignement de la musique est facultatif pour les élèves de l'enseignement secondaire spécial[1].

1. Voir à cet égard l'instruction ministérielle ci-après, p. 134.

PROGRAMMES DÉTAILLÉS.

ENSEIGNEMENT SECONDAIRE CLASSIQUE.

DIVISION DE GRAMMAIRE.

CLASSE DE SIXIÈME.

I

Histoire ancienne, première partie : Histoire de l'Orient [1].

Histoire primitive du monde.—Les Israélites en Égypte et dans la Terre promise. — Les Juges. — Les Rois. — Schisme des dix tribus. — Destruction des deux royaumes.

Égypte. — Le Nil. — Principaux rois. Monuments et civilisation de l'Égypte.

Assyriens. — Ninive et Babylone. — Sémiramis et Sardanapale.

1. Pour les classes d'histoire, le professeur dictera et fera réciter un court résumé de ses leçons. Il donnera des développements oraux, en s'attachant, dans les classes de grammaire, à l'exposition des faits, surtout à la biographie des personnages les plus célèbres. Dans les classes d'humanités, il rendra son cours progressivement plus élevé en montrant l'enchaînement des événements. Partout il s'assurera, par des interrogations fréquentes, que les élèves ont compris la leçon et qu'ils l'ont retenue. Les développements oraux du professeur et les lectures faites sur ses indications par les élèves donneront lieu à des rédactions assez courtes pour être écrites avec soin. Ce travail, qui doit être considéré comme un des principaux devoirs des élèves, sera gradué selon les classes ; fort simple dans les premières, il prendra plus d'importance dans les classes d'humanités. Par la rédaction soigneusement corrigée, le professeur apprendra à ses élèves à composer et à *écrire* ; par l'interrogation, il les habituera à mettre promptement de l'ordre dans leurs idées et à *parler*.

Deuxième empire d'Assyrie.
Empire babylonien. — Nabuchodonosor.
Mèdes et Perses. — Déjocès. — Cyrus et ses conquêtes.
Cambyse. — Conquête de l'Égypte.
Darius. — Ses expéditions avant les guerres médiques.
Phéniciens. — Tyr et Sidon. — Carthage.

II

Géographie physique du globe. — Géographie générale de l'Asie moderne[1].

Objet de la géographie. — Définition des principaux termes.

Division de la surface du globe en terres et en eaux.

Division du monde en cinq parties ; ce que les anciens en connaissaient.

Division de l'Océan en grandes mers. — Mers intérieures. — Isthmes et détroits principaux. — Grandes îles du globe.

Géographie politique de l'Asie moderne correspondant à l'Asie connue des Anciens, entre la Méditerranée et l'Indus.

Géographie politique des autres contrées de l'Asie.

III

Dessin d'imitation et d'ornement[2].

Exercices préparatoires qui ont pour objet :

1º L'imitation *de figures simples*, telles que celles des solides réguliers et les éléments que l'ornementation emprunte le plus ordinairement au règne végétal ;

2º L'imitation des parties de la tête.

---

1. Le professeur tracera sur le tableau noir les contours des régions, le cours des fleuves, les chaînes de montagnes qu'il se propose de décrire. Ces cartes seront reproduites à main levée par les élèves sur le papier, et on s'assurera, par des interrogations répétées, qu'ils ont compris et retenu.

2. Cet enseignement est donné à tous les élèves internes et aux élèves libres qui sont admis à l'externat surveillé. En sixième, une leçon d'une heure par semaine lui est consacrée. Les modèles sont tous empruntés aux grands maîtres de l'art. Ils ne sont admis dans les classes de dessin qu'après avoir été approuvés par le Ministre de l'instruction publique. A la fin de chaque année, les élèves sont tenus de présenter un nombre déterminé de feuilles dont l'ensemble constituera un cours gradué de dessin.

CLASSE DE CINQUIÈME.

IV

Histoire ancienne, seconde partie : Histoire de la Grèce[1].

Géographie de la Grèce ancienne.

Temps primitifs de la Grèce. — Guerre de Troie.

Sparte. — Lycurgue ; ses lois. — Guerres de Messénie.

Athènes. — L'archontat. — Solon ; ses lois. — Pisistrate et ses fils. — Clisthène.

Colonies grecques. — Institutions communes aux peuples de la Grèce.

Guerres médiques. — Révolte de l'Ionie. — Première guerre. — Bataille de Marathon. — Miltiade.

Seconde guerre. — Léonidas aux Thermopyles. — Batailles de Salamine, de Platée et de Mycale. — Aristide, Thémistocle et Cimon.

Puissance d'Athènes après les guerres médiques. — Périclès. — Éclat des lettres et des arts.

Guerre du Péloponèse. — Périclès et Cléon. — Nicias et Alcibiade. — Expédition de Sicile. — Lysandre. — Prise d'Athènes. — Les trente tyrans. — Mort de Socrate.

Puissance de Sparte après la guerre du Péloponèse. — Expédition du jeune Cyrus et retraite des Dix mille. — Agésilas. — Traité d'Antalcidas.

Puissance de Thèbes. — Pélopidas et Épaminondas. — Batailles de Leuctres et de Mantinée.

Puissance de la Macédoine. — Philippe. — Démosthène. — Bataille de Chéronée.

Alexandre le Grand. — Guerre contre les Perses. — Batailles du Granique et d'Issus. — Fondation d'Alexandrie. — Bataille d'Arbelles. — Fin de l'empire des Perses. — Étendue de l'empire macédonien à la mort d'Alexandre.

L'Égypte sous les Lagides.

La Syrie sous les Séleucides ; les Machabées.

La Macédoine et la Grèce après Alexandre. — Ligue achéenne. — Aratus. — Philopœmen. — Réduction de la Macédoine et de la Grèce en provinces romaines.

---

1. Voir l'observation placée en note au programme d'histoire de la classe de sixième, p. 16.

De la cinquième à la rhétorique inclusivement, le professeur emploiera, chaque année, ses premières leçons à des interrogations qui porteront sur l'ensemble du cours de l'année précédente.

V

Géographie générale de l'Europe et de l'Afrique modernes [1].

France . . . . Grande-Bretagne . . . . Belgique. . . . . Pays-Bas. . . . . États scandinaves . . . . Confédération germanique . . . . . . Prusse et Autriche . . . . Suisse et Italie . . . . Espagne et Portugal . . . . Grèce et Turquie . . . . Russie	Situation et limites; grandes divisions territoriales; capitales; principales villes; population; possessions hors de l'Europe et colonies.

Géographie politique de l'Afrique septentrionale, correspondant à l'Afrique connue des anciens. — Géographie politique des autres contrées de l'Afrique.

VI

Dessin d'imitation et d'ornement.

Le programme est le même que pour la classe de sixième.

CLASSE DE QUATRIÈME.

VII

Histoire ancienne, troisième partie : Histoire de Rome [2].

Géographie de l'Italie ancienne.
Fondation de Rome. — Les rois et le sénat.
Établissement de la république. — Les patriciens et les plébéiens. — Consuls. — Dictateurs. — Tribuns.

---

1. Voir l'observation placée en note au programme de géographie de la classe de sixième, p. 17, note 1.
2. Voir l'observation placée en note au programme d'histoire de la classe de sixième, p. 16.

Les décemvirs. — La censure. — Union des deux ordres par l'admission des plébéiens à toutes les magistratures.

Guerres de Rome contre les Gaulois, les Samnites et Pyrrhus. — Colonies romaines.

Carthage. — Première guerre punique. — Guerre des mercenaires.

Seconde guerre punique. — Annibal. — Passage des Alpes. — Batailles du Tessin, de la Trébie, de Trasimène, de Cannes. — Scipion. — Bataille de Zama.

Guerre contre la Macédoine : bataille de Cynocéphales. — Guerre contre Antiochus.

Guerre contre Persée : bataille de Pydna. — Réduction de la Macédoine et de la Grèce en provinces romaines.

Troisième guerre punique. — Destruction de Carthage. — Réduction du royaume de Pergame en province romaine.

Viriathe. — Guerre de Numance. — Formation d'une province dans la Gaule Transalpine.

État de la république romaine après ces conquêtes. — Les Gracques.

Jugurtha. — Guerre des Cimbres. — Marius et Sylla.

Sertorius. — Spartacus. — Les pirates. — Mithridate. — Pompée. — Cicéron et Catilina.

Premier triumvirat : Pompée, César et Crassus. — Consulat de César. — Conquête de la Gaule. — Guerre contre les Parthes.

Troubles à Rome. — Guerre civile : Pharsale, Thapsus, Munda. — Dictature de César.

Deuxième triumvirat : Octave, Antoine et Lépide. — Guerre civile; batailles de Philippes et d'Actium. — Fin de la république.

Organisation du gouvernement impérial et bornes de l'empire. — Siècle d'Auguste. — Naissance et progrès du christianisme.

Les empereurs de la famille d'Auguste. — Les Flaviens. — Ruine de Jérusalem. — Conquête de la Grande-Bretagne.

Les Antonins. — Conquêtes de Trajan.

Les empereurs syriens. — L'anarchie militaire. — Aurélien. — Probus.

Dioclétien. — Constantin : triomphe du christianisme; fondation de Constantinople.

Constance. — Julien. — Valentinien et Valens : commencement de la grande invasion. — Théodose. — Partage définitif de l'empire.

VIII

Géographie générale de l'Amérique et de l'Océanie [1].

Révision de la géographie moderne de l'Asie, de l'Europe et de l'Afrique.

Amérique : États-Unis. . . . . . \
Mexique, Amérique centrale et Haïti .
Nouvelle-Grenade, Vénézuela, Équa-
  teur, Bolivie, Pérou. Chili . . . .
États du Rio de la Plata, Uruguay et
  Paraguay . . . .   Situation et limites ;
Brésil . . . .   principales villes.
Amérique anglaise . . . . . .
Possessions de la France, de l'Espa-
  gne, de la Russie et de la Hol-
  lande. — Principaux peuples indi-
  gènes . . . .

Océanie : possessions des États européens ; principaux peuples indigènes.

IX

Dessin d'imitation et d'ornement.

Deux leçons hebdomadaires ont pour objet :

1° L'étude théorique et pratique des éléments de la perspective ;
2° L'étude élémentaire de la structure de l'homme et des proportions du corps humain au point de vue du dessin ;
3• Le dessin des parties de la tête et de la tête entière d'après des
estampes et des photographies. (Voy. d'ailleurs la note sur l'enseignement du dessin dans la classe de sixième, p. 17, note 2.)

X

Éléments d'arithmétique et notions préliminaires
de géométrie.

Les éléments d'arithmétique comprennent : les quatre opérations sur les nombres entiers, sur les nombres décimaux, le calcul des fractions ordinaires ; l'exposition du système métrique ; la

1. Voir l'observation placée en note au programme de géographie de la classe
de sixième, page 17, note 1.

résolution des problèmes les plus simples par la méthode dite de réduction à l'unité. — 24 leçons environ.

Les notions préliminaires de géométrie comprennent : la génération des angles par la rotation d'une droite autour d'un de ses points ; les cas les plus simples d'égalité des triangles ; les propriétés principales des perpendiculaires, des obliques et des droites parallèles ; l'exposition sommaire des propriétés des cordes dans le cercle et de la mesure des angles ; l'usage de la règle, du compas, de l'équerre et du rapporteur dans les constructions sur le papier. — 8 leçons environ.

DIVISION SUPÉRIEURE.

CLASSE DE TROISIÈME.

XI

Histoire de France et histoire du moyen âge du cinquième au quatorzième siècle.

Révision sommaire de l'histoire ancienne.

Invasion des Barbares.

Clovis. — Fondation de l'empire des Francs.

Théodoric et les Ostrogoths en Italie. — Justinien : tentative de restauration de l'empire romain. — Les Lombards.

Dagobert. — Les rois fainéants et les maires du palais. — Bataille de Testry. — Pépin d'Héristal ; Charles Martel ; Pépin le Bref.

Charlemagne. — Ses guerres. — Son gouvernement. — Étendue de son empire.

Mahomet. — Conquêtes des Arabes. — Partage du khalifat. — Éclat de la civilisation arabe au neuvième siècle.

Louis le Débonnaire. — Bataille de Fontanet. — Traité de Verdun.

Charles le Chauve. — Nouvelles invasions des Barbares ; les Northmans. — Démembrement de l'empire en royaumes et de la France en grands fiefs. — Régime féodal.

Allemagne et Italie. — Othon le Grand. — Grégoire VII ; la querelle des investitures.

France. — Les quatre premiers Capétiens. — Fondation du royaume des Deux-Siciles et du royaume de Portugal. —Conquête de l'Angleterre par les Normands. — Première croisade.

Louis le Gros. — Les communes. — Louis VII. — La seconde croisade.

Les Plantagenets. — Henri II et Thomas Becket. — Angleterre et France; Philippe Auguste et Richard Cœur de Lion; la troisième croisade. — Jean sans Terre. — Bataille de Bouvines. — La grande charte.

Allemagne et Italie. — Les Guelfes et les Gibelins. — Frédéric Barberousse et Alexandre III. — Innocent III et la quatrième croisade; Venise. — Frédéric II et Innocent IV.

France. — Guerre des Albigeois. — Louis VIII. — Régence de Blanche de Castille. — Saint Louis. — Ses guerres, ses croisades, son gouvernement. — La maison d'Anjou à Naples.

Philippe le Hardi et Philippe le Bel. — Guerres avec l'Aragon, la Flandre et l'Angleterre. — Différend avec Boniface VIII. — États généraux. — Résidence des papes à Avignon. — Condamnation des Templiers.

Les trois fils de Philippe le Bel. — La loi salique. — Avénement des Valois.

Tableau sommaire de la constitution anglaise au commencement du quatorzième siècle.

Allemagne. — Avénement de la maison de Habsbourg. — Affranchissement de la Suisse.

XII

Description particulière de l'Europe [1].

Géographie de l'Europe; limites; mers et golfes; isthmes et détroits; îles et presqu'îles principales.

Grande chaîne de montagnes; volcans; ligne de partage des eaux; principaux fleuves et lacs.

Population de l'Europe; races, langues, religions.

Divisions politiques : *France* et *Grande-Bretagne* : principales divisions administratives; grandes villes d'industrie et de commerce; population, religion, gouvernement. — Importance militaire et commerciale des possessions extérieures ou coloniales.

Belgique, Pays-Bas, États scandinaves : villes importantes d'industrie et de commerce; population, religion, gouvernement. — Possessions hors de l'Europe.

Confédération germanique, Prusse et *Autriche* : grandes divisions; capitales, principales villes d'industrie et de commerce; population, religion, gouvernement. — Provinces de la Prusse et de l'Autriche qui font partie de la Confédération germanique.

1. Voir, pour la méthode à suivre, la note au programme de géographie de la classe de sixième, p. 17, note 1.

Confédération helvétique et *Italie* : divisions principales; villes importantes; population, religion, gouvernement.

Espagne et *Portugal* : principales villes; population, religion, gouvernement. — Possessions hors de l'Europe.

Turquie et *Grèce* : principales villes; religion, gouvernement. — Peuples différents compris dans l'empire ottoman; possessions hors de l'Europe.

Russie et *Pologne* : principales villes; religion, gouvernement. — Peuples différents compris dans l'empire russe; possessions hors de l'Europe.

XIII

Arithmétique.

Numération décimale.

Les quatre opérations sur les nombres entiers.

Caractères de divisibilité par 2, 3, 5, 9, 11.

Définition des nombres premiers et des nombres premiers entre eux. — Recherche du plus grand commun diviseur de deux nombres. — Décomposition d'un nombre en facteurs premiers [1].

Des fractions ordinaires. — Réduction d'une fraction à sa plus simple expression. — Réduction de plusieurs fractions au même dénominateur.

Les quatre opérations sur les fractions ordinaires.

Nombres décimaux. — Opérations.

Conversion d'une fraction ordinaire en fraction décimale. — Cas où le quotient est périodique.

Système métrique. — Rapport des anciennes mesures aux mesures légales. — Exercices.

Extraction de la racine carrée d'un nombre entier.

Rapport des grandeurs concrètes. — Ce qu'on nomme proportion. — Égalité du produit des extrêmes au produit des moyens [2].

Règles de trois, d'intérêt et d'escompte. — Règle de société.

Usage des lettres et des signes comme moyen d'abréviation et de généralisation. — Exemples de formules empruntées au cours d'arithmétique.

Nota. — S'il reste du temps, le professeur consacrera quelques leçons à la résolution des équations *numériques* du premier degré à une ou plusieurs inconnues, et aux applications les plus simples que cette théorie comporte.

---

1. On donnera peu de développement à ces propriétés des nombres, dont l'étude sera complétée dans la classe de philosophie et dans celle de mathématiques élémentaires.

2. En conservant les dénominations habituelles, on remplacera l'ancien algorithme des proportions par l'égalité des rapports.

XIV

Éléments de géométrie plane (Ire partie).

Ligne droite et plan. — Ligne brisée. — Ligne courbe.

Angle. — Génération des angles par la rotation d'une droite autour d'un de ses points. — Angle droit.

Triangles. — Cas d'égalité les plus simples. — Propriétés du triangle isocèle. — Cas d'égalité des triangles rectangles.

Droites parallèles [1]. — Somme des angles d'un triangle, d'un polygone quelconque. — Propriétés des parallélogrammes.

De la circonférence du cercle. — Dépendance mutuelle des arcs et des cordes, des cordes et de leurs distances au centre.

Tangente au cercle. — Intersection et contact de deux cercles.

Mesure des angles. — Angle inscrit.

Usage de la règle et du compas dans les constructions sur le papier. — Commune mesure de deux droites. — Tracé des perpendiculaires et des parallèles. — Problèmes élémentaires sur la construction des angles et des triangles. — Abréviation des constructions au moyen de l'équerre et du rapporteur. — Évaluation des angles en degrés, minutes et secondes. — Mener une tangente au cercle par un point extérieur. — Décrire sur une droite donnée un segment capable d'un angle donné.

Lignes proportionnelles.

Polygones semblables. — Conditions de similitude des triangles. — Rapport des périmètres de deux polygones semblables.

Relations entre la perpendiculaire abaissée du sommet de l'angle droit d'un triangle sur l'hypoténuse, les segments de l'hypoténuse, l'hypoténuse elle-même et les côtés de l'angle droit.

Théorèmes relatifs au carré du nombre qui exprime la longueur du côté d'un triangle opposé à un angle droit, aigu ou obtus.

Théorème relatif aux sécantes du cercle, issues d'un même point.

Problèmes : Diviser une droite donnée en parties égales ou proportionnelles à des longueurs données. — Trouver une quatrième proportionnelle à trois lignes données, une moyenne proportionnelle entre deux lignes données. — Mener une tangente commune à deux cercles. — Construire, sur une droite donnée, un polygone semblable à un polygone donné.

---

1. On admettra qu'on ne peut mener, par un point donné, qu'une seule parallèle à une droite.

XV

Dessin d'imitation et d'ornement.

Trois leçons par quinzaine sont consacrées dans la classe de troisième au dessin de la tête et des extrémités, d'après des estampes ou photographies et d'après la bosse.

Une quatrième leçon par quinzaine a pour objet le dessin des formes artificielles, parties d'édifices, meubles, vases, candélabres, etc., ornements.

CLASSE DE SECONDE.

XVI

Histoire de la France, du moyen âge et des temps modernes, du quatorzième siècle au milieu du dix-septième.

Philippe de Valois et Édouard III. — Commencement de la guerre de Cent ans. — Bataille de Crécy. — Siége de Calais.

Jean et le prince Noir. — Bataille de Poitiers. — États généraux. — La Jacquerie. — Paix de Brétigny.

Charles V. — Les grandes compagnies en France et en Espagne. — Duguesclin. — Nouvelle guerre avec les Anglais. — Ordonnances de Charles V. — Grand schisme d'Occident.

Charles VI et Richard II. — Troubles en France et en Angleterre. — Avénement des Lancastre. — Assassinat du duc d'Orléans. — Les Armagnacs et les Bourguignons. — Henri V. — Bataille d'Azincourt. — Traité de Troyes.

Henri VI et Charles VII. — Jeanne d'Arc. — Traité d'Arras. — La Praguerie. — Fin de la guerre de Cent ans. — Institutions de Charles VII.

Allemagne : maison de Luxembourg. — La bulle d'or. — Guerre des Hussites. — Fin du grand schisme d'Occident. — Maison d'Autriche : Maximilien.

Les Turcs en Europe. — Bajazet Ier et Tamerlan. — Mahomet II. — Prise de Constantinople.

Louis XI et Charles le Téméraire. — Agrandissement du domaine royal. — Gouvernement de Louis XI.

Guerre des deux roses en Angleterre. — Avénement des Tudors.

Formation du royaume d'Espagne. — Ferdinand et Isabelle. — Prise de Grenade.

Découvertes maritimes des Portugais et des Espagnols. — Christophe Colomb. — Empire portugais aux Indes. — Empire espagnol au nouveau monde.

Charles VIII et Anne de Beaujeu. — État de l'Italie vers la fin du quinzième siècle. — Expédition d'Italie. — Bataille de Fornoue.

Louis XII. — Conquête du Milanais. — Expédition de Naples. — Jules II. — La ligue de Cambrai. — La sainte ligue. — Bataille de Ravenne.

François Ier. — Bataille de Marignan. — Charles-Quint. — Rivalité de la France et de la maison d'Autriche. — Bataille de Pavie. — Traités de Madrid et de Cambrai. — Soliman. — Henri VIII. — Traités de Crépy et d'Ardres.

Henri II. — Conquête des Trois-Évêchés. — Abdication de Charles-Quint. — Philippe II. — Bataille de Saint-Quentin. — Prise de Calais. — Paix de Cateau-Cambrésis.

Découverte et influence de l'imprimerie. — La Renaissance en Italie et en France.

La Réforme en Suisse et en Allemagne. — Zwingle et Luther. — Bataille de Muhlberg. — Paix d'Augsbourg.

La Réforme en Angleterre et en Écosse. — Henri VIII; Édouard VI; Marie Tudor; Élisabeth et Marie Stuart.

La Réforme dans les Pays-Bas. — Affranchissement des Provinces-Unies. — Philippe II. — Conquête du Portugal.

La Réforme en France. — Calvin. — Guerres de religion. — François II et Charles IX. — Henri III et la Ligue.

Henri IV. — Fin des guerres de religion. — Sully. — Administration et politique de Henri IV.

Louis XIII. — Le maréchal d'Ancre et le duc de Luynes. — Richelieu. — Abaissement des protestants et de la noblesse.

La guerre de Trente ans. — Paix de Westphalie.

Les Stuarts en Angleterre. — Jacques Ier et Charles Ier. — Révolution de 1648. — Olivier Cromwell.

XVII

Description particulière de l'Asie, de l'Afrique, de l'Amérique et de l'Océanie.

Chine, Japon et États de l'Indo-Chine; — Perse, Caboul ou Afghanistan, Hérat, Turkestan; — Turquie d'Asie, Arabie : *Situation et limites; principales villes.*

Asie russe.

Asie anglaise. — Possessions de la France et du Portugal en Asie.

Géographie de l'Afrique : l'Atlas et le Sahara; le Nil, le Sénégal et le Niger. — Récentes découvertes. — Possessions européennes.

Géographie de l'Amérique du Nord et des îles du golfe du Mexique et de la mer des Antilles : États et confédérations; grandes villes; population; gouvernement. — Possessions européennes.

Géographie de l'Amérique du Sud : montagnes, fleuves et lacs; États et confédérations; principales villes; population; gouvernement. — Possessions européennes.

Géographie de l'Océanie : races indigènes. — Possessions européennes.

Description sommaire des mers : le grand Océan et l'océan Atlantique; la mer des Indes; principaux golfes; mers intérieures; Gulf-stream; lignes de navigation les plus suivies. — Principaux voyages de découvertes et de circumnavigation : terres australes, passages du Nord-Ouest.

XVIII

Éléments d'algèbre.

Opérations algébriques. (On se bornera à un exposé très-sommaire de la division des polynômes.)

Équations du premier degré.

Interprétation des valeurs négatives et discussion des cas d'impossibilité et d'indétermination qui se présentent dans certains problèmes du premier degré.

Équations du second degré à une inconnue[1]. — Application à quelques problèmes d'arithmétique et de géométrie plane.

(15 leçons environ.)

XIX

Géométrie (IIe partie).

Polygones réguliers. — Leur inscription dans le cercle : carré, hexagone.

---

1. On traitera particulièrement des équations numériques.

Moyen d'évaluer le rapport approché de la circonférence au diamètre [1].

Mesure des aires. — Aire du rectangle, du parallélogramme, du triangle, du trapèze, d'un polygone quelconque. — Aire approchée d'une figure plane limitée par une courbe quelconque. — Théorème du carré construit sur l'hypoténuse.

Aire d'un polygone régulier. — Aire du cercle et du secteur circulaire,

Rapport des aires de deux figures semblables.

Notions sur le levé des plans et l'arpentage. — Levé au mètre. — Levé au graphomètre. — Levé à l'équerre d'arpenteur. — Levé à la planchette.

Du plan et de la ligne droite dans l'espace. — Perpendiculaires et obliques au plan. — Parallélisme des droites et des plans.

Angles dièdres. — Plans perpendiculaires entre eux.

Notions sur les angles trièdres et polyèdres.

Des polyèdres : sections planes du prisme et de la pyramide.

Mesures des volumes : parallélipipède, prisme, pyramide et tronc de pyramide à bases parallèles.

Notions sur les polyèdres semblables : rapport des surfaces et des volumes.

(30 leçons environ.)

XX

Histoire naturelle.

Zoologie.

Indication générale des caractères qui distinguent les êtres organisés (animaux et végétaux), des êtres inorganiques (minéraux). — De l'espèce en histoire naturelle.

Caractères qui distinguent les animaux des végétaux. — Exposition générale des divers organes qui constituent un animal.

Appropriation de ces organes à leurs diverses fonctions. — Principaux tissus qui les constituent,

Fonction de nutrition. — Digestion. — Organes qui y concourent. — Aliments. — Absorption.

Circulation. — Organes qui y concourent. — Sang.

Respiration. — Organes qui y concourent (poumons, branchies, trachées). — Chaleur animale.

---

1. La solution de cette question sera complétée dans le cours de mathématiques élémentaires. — La longueur de la circonférence du cercle sera considérée, sans démonstration, comme la limite vers laquelle tend le périmètre d'un polygone inscrit dont les côtés diminuent indéfiniment.

Fonctions de relation. — Organes du mouvement. — Composition générale du squelette. — Os. — Muscles.

Système nerveux. — Indication des parties qui le constituent essentiellement. — Ses fonctions. — Organes des sens et de la voix.

Principes de classification. — Division du règne animal en embranchements. — Division des vertébrés en classes. — Mammifères; principaux groupes de cette classe.

Exemples choisis parmi les espèces les plus utiles à l'homme ou les plus remarquables par leurs mœurs, leurs formes.

Montrer la supériorité organique de l'homme sur le reste des êtres organisés.

Botanique.

Exposition générale des divers organes qui constituent un végétal; leurs diverses fonctions. — Tissus élémentaires dont ils se composent.

Organes de nutrition. — Racines, tiges, feuilles.

Organes de reproduction. — Fleur. — Fécondation.

Fruits. — Graine. — Germination.

Des classifications artificielles du règne végétal : de la méthode naturelle : familles.

Division des végétaux en dicotylédones, monocotylédones et acotylédones (ou cryptogames).

Principales familles de ces trois classes choisies parmi les plus nombreuses et les plus utiles.

Géologie.

Phénomènes géologiques actuels propres à faire comprendre les phénomènes anciens. — Sédiments. — Transports. — Torrents, fleuves, glaciers. — Volcans.

Constitution générale du globe terrestre. — Nature et origine des roches qui en forment l'écorce.

Chaleur centrale. — Roches ignées ou non stratifiées. — Soulèvements.

Terrains de sédiment anciens ou primaires. — Terrains de sédiment moyens ou secondaires. — Terrains de sédiment supérieurs ou tertiaires et quaternaires. — Principales substances minérales et corps organisés fossiles qu'on rencontre dans ces divers terrains.

Eaux minérales. — Sources thermales. — Puits artésiens.

XXI

Dessin d'imitation et d'ornement.

Le programme est le même que pour la classe de troisième. (Voy.
ce programme, p. 26.)

CLASSE DE RHÉTORIQUE.

XXII

Histoire de France et histoire moderne depuis l'avénement de Louis XIV jusqu'à 1815.

Minorité de Louis XIV. — La Fronde. — Guerre contre l'Espagne. — Traité des Pyrénées.

Gouvernement personnel de Louis XIV. — Colbert et Louvois.
— Conquêtes de la Flandre et de la Franche-Comté. — Paix d'Aix-
la-Chapelle et de Nimègue. — Chambre de Réunion. — Révocation de l'édit de Nantes.

Révolution de 1688 en Angleterre. — Guillaume III. — Guerres
de la ligue d'Augsbourg et de la succession d'Espagne. — Traités
de Ryswyk, d'Utrecht et de Rastadt.

Caractère général du gouvernement de Louis XIV. — Institutions et fondations. — Tableau des lettres, des sciences et des arts
en France pendant le règne de Louis XIV.

Louis XV. — Régence du duc d'Orléans. — Ministère du cardinal Fleury. — Guerre de la succession de Pologne. — Traité de
Vienne.

Guerre de la succession d'Autriche et guerre de Sept ans. —
Progrès du royaume de Prusse. — Frédéric II. — Traité de Paris.
— Perte des colonies françaises.

Fin du règne de Louis XV. — Acquisition de la Lorraine et de
la Corse. — Destruction des parlements. — État des esprits à cette
époque. — Progrès des sciences.

Lutte de la Suède et de la Russie. — Charles XII et Pierre le
Grand.

Catherine II. — Partage de la Pologne. — Guerres de la Russie
contre la Suède et la Turquie.

Puissance maritime et coloniale de l'Angleterre. — Conquêtes
des Anglais aux Indes orientales. — Régime colonial.

Progrès et soulèvement des colonies d'Amérique. — Guerre de
l'indépendance des États-Unis. — Traité de Versailles.

Louis XVI. — Turgot et Malesherbes. — Necker. — Assemblée des notables. — Convocation des états généraux.

Situation politique de l'Europe en 1789.

Assemblée constituante et Assemblée législative. — Réunion des trois ordres. — Prise de la Bastille. — Journées des 5 et 6 octobre. — Constitution de 1791. — Déclaration de guerre à l'Autriche. — Journée du 10 août. — Massacres de septembre.

Convention nationale. — Procès et mort de Louis XVI. — La Terreur. — Journée du 9 thermidor. — Campagnes de 1793 et 1794. — Le 13 vendémiaire.

Directoire. — Campagne de Bonaparte en Italie. — Traité de Campo-Formio. — Expédition d'Égypte. — Le 18 brumaire.

Consulat. — Marengo. — Paix de Lunéville et d'Amiens. — Consulat à vie.

Empire. — Campagne d'Austerlitz. — Trafalgar. — Paix de Presbourg. — Campagne de Prusse : Iéna, Friedland. — Paix de Tilsitt. — Blocus continental. — Commencement de la guerre d'Espagne. — Wagram.

Campagne de Russie. — Campagne d'Allemagne. — Campagne de France. — Abdication de l'Empereur. — Retour de l'île d'Elbe. — Les Cent jours. — Waterloo.

Traités de 1815.

XXIII

Révision sommaire de la géographie générale.

(Voir les programmes des classes de troisième et de seconde, XII et XVII, p. 23 et p. 27.)

N. B. Une conférence scientifique sera établie pour la révision des programmes XIII, XIV, XVIII et XIX (p. 24, 25 et 28), en faveur des élèves qui en auront besoin.

XXIV

Géométrie (Corps ronds).

Révision des principales propositions relatives à la ligne droite et au plan.

Cylindre droit à base circulaire. — Mesure de la surface latérale et du volume. — Extension aux cylindres droits à base quelconque.

Cône droit à base circulaire. — Sections parallèles à la base. — Surface latérale du cône, du tronc de cône à bases parallèles. — Volume du cône, du tronc de cône à bases parallèles.

Sphère. — Sections planes ; grands cercles, petits cercles. —

Pôles d'un cercle. — Étant donnée une sphère, trouver son rayon par une construction plane.

Plan tangent à la sphère.

Mesure de la surface engendrée par une ligne brisée régulière tournant autour d'un axe mené dans son plan et par son centre. — Aire de la zone, de la sphère entière. — Exercices.

Mesure du volume de la sphère considérée comme somme d'une infinité de pyramides ayant pour bases des polygones plans infiniment petits, et le rayon pour hauteur. — Autre méthode de mesure fondée sur la considération du volume engendré par un triangle tournant autour d'un axe mené dans son plan par un de ses sommets. — Application au secteur polygonal régulier tournant autour d'un axe mené dans son plan et par son centre. — Volume du secteur sphérique, de la sphère. — Exercices.

(15 leçons environ.)

XXV

Cosmographie.

(Ce cours doit être très-élémentaire, et *surtout descriptif*.)

Premières apparences que présente l'aspect du ciel.

Ascensions droites et déclinaisons des étoiles. — Description du ciel. — Constellations et principales étoiles.

De la terre. — Longitudes et latitudes géographiques.

Valeurs numériques des degrés mesurés en France, en Laponie, au Pérou, et rapportés à l'ancienne toise. Leur allongement à mesure qu'on s'approche des pôles ; on en conclut que la terre est aplatie aux pôles.

Cartes géographiques. — Notions sur les divers systèmes de projections.

Du soleil. — Mouvement annuel apparent.

Diamètre apparent du soleil. — Mouvement elliptique. — Principe des aires.

Notions sur la mesure du temps. — Année tropique. — Calendrier.

Distance du soleil à la terre. — Rapport du volume du soleil à celui de la terre. — Rapport des masses.

Taches du soleil. — Rotation du soleil sur lui-même.

Inégalité des jours et des nuits. — Saisons.

Idée de la précession des équinoxes.

Mouvements réels de la terre.

De la lune. — Phases.

Révolution sidérale et synodique. — Orbite décrite par la lune autour de la terre.

Distance de la lune à la terre. — Rapport du volume de la lune à celui de la terre. — Rapport des masses.

Taches. — Rotation. — Aperçu sur la constitution physique de la lune.

Éclipses de lune et de soleil.

Des planètes. — Lois de Képler. — Énoncé du principe de la gravitation universelle. — Notions sur les planètes principales.

Grand nombre de très-petites planètes situées entre Mars et Jupiter.

Notions sur les comètes. — Comètes périodiques les plus célèbres.

Notions d'astronomie sidérale : Distance des étoiles à la terre. — Étoiles doubles. — Étoiles changeantes et colorées. — Nébuleuses. — Voie lactée.

Notions sur le phénomène des marées.

XXVI

Dessin d'imitation et d'ornement.

Trois leçons par quinzaine sont consacrées au dessin des torses et académies, d'après des estampes ou photographies, et d'après la bosse.

La quatrième leçon de la quinzaine a pour objet le dessin des formes artificielles, parties d'édifices, meubles, candélabres et ornements.

CLASSE DE PHILOSOPHIE

XXVII

Philosophie.

Objet de la philosophie, — ses rapports avec les autres sciences, — sa division.

Psychologie.

Des faits psychologiques et de la conscience.

Des facultés de l'âme : sensibilité, facultés intellectuelles, activité.

Sensibilité : des sens, des sensations, des sentiments.

Facultés intellectuelles : perception, conscience, mémoire, imagination, jugement, raison.

Des idées en général : de leur origine, de leurs caractères. — Notions et vérités premières.

De l'activité et de ses divers caractères. — Activité volontaire et libre. — Démonstration de la liberté.

De la personnalité, de la spiritualité de l'âme. — Distinction de l'âme et du corps, et leurs rapports.

Logique.

De la vérité et de l'erreur. — De l'évidence, de la certitude, de la probabilité.
Des signes et du langage dans leurs rapports avec la pensée.
De la méthode; analyse et synthèse.
Analogie, induction et déduction. — Raisonnement. — Syllogisme.
De la définition, de la division et des classifications.
Méthode dans les différents ordres de la science.
Autorité du témoignage des hommes.
Des erreurs et des sophismes.

Morale.

Divers motifs de nos actions.
Conscience morale. — Distinction du bien et du mal, du devoir et de la vertu.
Mérite et démérite. — Peines et récompenses. — Sanction de la morale.
Division des devoirs. — Devoirs de l'homme envers lui-même, envers ses semblables, la famille et l'État.

Théodicée.

Existence de Dieu. — Preuves de l'existence de Dieu.
Principaux attributs de Dieu. — De la Providence. — Réfutation des objections tirées du mal physique et du mal moral.
Destinée de l'homme. — Preuves de l'immortalité de l'âme, morale religieuse ou devoirs envers Dieu.

Notions d'histoire de la philosophie.

XXVIII

Histoire contemporaine depuis 1789 jusqu'à nos jours.

Résumer rapidement les faits généraux qui ont modifié, à partir du quinzième siècle, les idées, les intérêts et la constitution de la société européenne :
1° Révolution politique, qui substitue d'abord la monarchie absolue aux dominations féodales;

2° Révolution religieuse, qui divise le monde et prépare l'avénement du principe de la liberté des cultes ;

3° Révolution économique, qui favorise le développement du
grand commerce et de la richesse mobilière;

4° Révolution dans les arts et les lettres (seizième et dix-
septième siècles), dans la philosophie et les sciences: développement de l'esprit d'observation et d'examen scientifique.

État de l'Europe dans la seconde moitié du dix-huitième
siècle.

En France, opposition entre les idées et les institutions. — Demandes de réformes.

La Révolution française.

Assemblée constituante ; demandes des cahiers: caractère des
réformes politiques et sociales opérées par la Constituante. Exposition des principes de 1789.

Fin de l'ancien régime; abolition des priviléges ; égalité civile et
politique; création des actes de l'état civil.

Réformes politiques : la royauté constitutionnelle substituée au
pouvoir absolu.

Réformes judiciaires : séparation des pouvoirs administratif et
judiciaire (tribunal de cassation, jury, justices de paix).

Réformes financières : nouveau système d'impôts. Les assignats
et leurs conséquences. Retour sur l'histoire du crédit.

Suppression de l'ancienne réglementation industrielle; liberté du
travail et des transactions.

L'Assemblée législative, la Convention et le Directoire.

Impression produite en Europe par la Révolution française ; à
l'intérieur, opposition de la cour, de la noblesse et du clergé. L'é-
migration.

Déclaration de Pilnitz, manifeste de Brunswick, soulèvements
intérieurs.

La Terreur. Suppression des libertés publiques. — Comité de
salut public; *maximum* et loi sur les accaparements. — Le grand-
livre de la dette publique et la banqueroute des deux-tiers.

Le Consulat.

Constitution de l'an VIII ; consécration des conquêtes civiles de
la Révolution.

Mesures prises pour réconcilier les partis.

Organisation administrative, départementale et municipale.

Création de la Banque de France.

Nouvelle hiérarchie judiciaire (création des tribunaux d'ap-
pel).

Le Code civil : ses principes.

Le Concordat. (Loi du 13 germinal an X.)

Réorganisation de l'instruction publique. L'Université.

L'Empire.

La constitution impériale.

Politique intérieure de Napoléon Ier; ordre public; grands travaux d'utilité générale.

État des lettres et des arts. Sciences naturelles (géologie et paléontologie). — Applications industrielles de la science.

Politique extérieure de Napoléon Ier; blocus continental; ses conséquences politiques et industrielles (droits des neutres).

État de l'Europe en 1810.

Gloire militaire. Expansion sur toute l'Europe des principes de 1789. — Coalition des puissances étrangères contre la prépondérance de la France. — Invasion du territoire français. — Chute de l'Empire.

La Restauration. Charte de 1814. Les Cent-Jours; l'acte additionnel.

Le congrès de Vienne et les traités de 1815.

Tableau comparé des puissances européennes et de leurs colonies en 1789 et en 1815.

Napoléon à Sainte-Hélène.

En France, en Angleterre, en Italie, en Espagne et en Allemagne, antagonisme entre l'ancien régime et les idées nouvelles.

La Sainte-Alliance.

Louis XVIII. — Occupation militaire du territoire français.

Mesures économiques prises en vue de la politique nouvelle : système protecteur en France et en Angleterre.

Réaction politique. Sociétés secrètes en France et à l'étranger.

Révolutions en Espagne, à Lisbonne, à Naples et à Turin : mouvements en Allemagne et en Pologne; insurrection des Grecs; émancipation des colonies espagnoles.

Congrès de Troppau, de Laybach et de Vérone.

Intervention de l'Autriche en Italie ; de la France, en Espagne.

Politique de la Hollande en Belgique.

État des lettres, des sciences et des arts.

Influence des littératures étrangères.

Nouvelles applications de la science à l'industrie : navigation à vapeur, chemins de fer, éclairage au gaz, phares, carte géologique de la France; découvertes qui ont mis sur la voie de la télégraphie électrique.

Charles X. — Ministère Villèle. — Indemnités aux émigrés. Révolution de Portugal : don Miguel à Lisbonne. État de l'Angleterre : ministère Wellington.

Progrès des idées libérales : émancipation des catholiques d'Irlande; réformes économiques de Huskisson; union douanière en Allemagne; ministère Martignac.

Intervention en faveur des Grecs; invasion des Russes en Turquie; traité d'Andrinople; fondation d'un royaume grec.

Ministère Polignac. — Prise d'Alger. — Les ordonnances, révolution de juillet.

Résultats généraux des quinze années de la Restauration. — Extension donnée au régime constitutionnel ; prospérité financière et commerciale ; institution des caisses d'épargne ; délivrance de la Grèce et destruction de la piraterie ; mouvement des esprits ; résistance du gouvernement et sa chute.

Le roi Louis-Philippe. — Charte de 1830.

Suites de la révolution de 1830 en Europe : création du royaume de Belgique ; soulèvement de la Pologne ; mouvements en Suisse, en Allemagne et en Italie. Intervention de l'Autriche. Occupation d'Ancône par la France.

En Angleterre, bill de réformes.

En Espagne et en Portugal, établissement d'un gouvernement constitutionnel.

En Turquie, réformes du sultan Mahmoud, de Méhémet-Ali en Égypte.

Intervention des Russes (1835).

Rivalité de la Russie et de l'Angleterre en Orient. — Progrès des Anglais aux Indes, des Russes au sud du Caucase et à l'est de la mer Caspienne. — La Perse. — Siége de Hérat (1838). — Expédition des Anglais dans l'Afghanistan et des Russes contre Khiva.

Les Anglais et la Chine. — Guerre de l'opium.

Sympathies de la France pour le pacha d'Égypte. — Rapprochement entre l'Angleterre et la Russie. — Première phase de la question d'Orient. — Traité de Londres (1840) ; convention des détroits.

Résultats et faits généraux du règne de Louis-Philippe.— Système électoral (200 000 électeurs). — Fréquents changements de ministères.— Adoucissement de la loi pénale.— Lois sur l'instruction primaire et sur les travaux publics ; abolition de la loterie ; progrès de la liberté politique et religieuse. — Sourde propagation des idées socialistes. — Développement de l'industrie et du commerce.— Lois sur les chemins vicinaux (1836) et sur les chemins de fer (1842). — Progrès des sciences.

Conquête de la plus grande partie de l'Algérie.

Politique extérieure : attitude du gouvernement à l'égard des puissances étrangères.

Révolution de février 1848. — Gouvernement provisoire, le suffrage universel. — Proclamation de la république.

Explosion des idées communistes.

Arrêt soudain du travail. — Ateliers nationaux. — Élection du 10 décembre ; le prince Louis-Napoléon, Président de la République.

Contre-coup des journées de février en Europe : à Milan, à Venise, à Rome, à Vienne, à Berlin, à Francfort, en Hongrie et dans les Principautés danubiennes.

L'Autriche à Novare. — Occupation de Rome par la France.

Rétablissement de l'Empire. — Napoléon III et la nouvelle constitution impériale.

Satisfaction donnée aux besoins généraux du pays et aux intérêts populaires :

Institutions de bienfaisance ;

Encouragements à l'agriculture, à l'industrie et aux arts ;

Institutions de crédit ;

Liberté commerciale ;

Instruction publique, liberté de l'enseignement.

Politique de l'empereur Nicolas à l'égard de la France depuis 1830. — L'influence du Tzar sur l'Allemagne.— Ses efforts pour dénationaliser la Pologne. — Ses projets sur Constantinople. — Guerre de Crimée. Prise de Sébastopol. — Convention avec la Suède. — Congrès et traité de Paris.— Nouveaux principes du droit des gens. — Expédition de Syrie. — Canal de l'isthme de Suez.

Rôle de l'Autriche et du Piémont durant la guerre de Crimée.— Les Autrichiens envahissent le Piémont. — Intervention de la France. — Batailles de Magenta et de Solferino. — Paix de Villafranca et traité de Zurich. — Formation d'un royaume d'Italie. — Annexion à la France du comté de Nice et de la Savoie.

Agitations en Allemagne : antagonisme séculaire de la Prusse et de l'Autriche.

Progrès de l'influence des nations européennes dans le reste du monde.

Prospérité des colonies anglaises et des établissements hollandais. — Position des Anglais dans l'Inde depuis la guerre des cipayes. — Les Russes dans l'extrême Orient : tentative des diverses puissances pour ouvrir le Japon et la Chine. — Prise de Pékin par une expédition anglo-française. — Conquête par la France de la basse Cochinchine. — Nouveau système colonial ; le travail libre et le travail esclave.

Rapide essor de l'Union américaine, ses causes. — Découvertes des gîtes aurifères de la Californie et de l'Australie ; effets de l'abondance de l'or sur le marché européen.

Guerre entre les États du Nord et ceux du Sud.

Situation des anciennes colonies espagnoles. — Expédition du Mexique. — Prise de Puebla, occupation de Mexico.

Tableau comparatif des grandes puissances du monde :

Population, religion, gouvernement, armée, flotte, budget, agriculture, industrie, commerce, arts, sciences, littérature.

Comparaison pour la France, entre les années 1788 et 1863, de la production agricole et industrielle, de la population et des ressources financières. — Accroissement de la richesse publique et de la vie moyenne. — Progrès de la charité publique. — Diminution de la criminalité.

Caractères nouveaux de la société moderne :

1º Relations étroites établies entre les peuples par les chemins de fer et la navigation à vapeur, par la télégraphie électrique, les banques et le nouveau régime commercial. Propagation du système métrique ; expositions universelles. Progrès des idées de paix ; solidarité des intérêts entre les peuples.

2° Sollicitude des gouvernements pour les intérêts matériels et moraux du plus grand nombre.

3° Par l'égalité des droits et la libre expansion de l'activité individuelle, la richesse est produite en plus grande abondance et se distribue mieux ; l'épargne et le capital sont devenus possibles pour ceux qui vivent de salaires. Dans l'antiquité, la guerre, la spoliation et l'esclavage, avec leur influence corruptrice, donnaient la richesse ; le travail et l'épargne avec leur action bienfaisante, sont désormais la source des fortunes privées.

Grandeur, mais danger de la civilisation moderne ; nécessité de développer les intérêts moraux pour faire équilibre au développement immense des intérêts matériels.

Part de la France dans l'œuvre générale de la civilisation.

XXIX

Mathématiques.

L'enseignement des mathématiques de cette classe ne demande pas de programmes particuliers : on reprend les matières déjà enseignées dans les années de troisième, seconde et rhétorique, conformément aux programmes XIII, XIV, XVIII, XXIV et XXV, p. 24, 25, 28 et 33.

Le professeur introduira seulement quelques leçons complémentaires sur les logarithmes, l'usage des tables et la similitude des figures dans l'espace.

(Trois leçons par semaine dans le premier semestre et deux dans le second.)

XXX

Physique.

Préliminaires.

Divisions de la physique. — Mobilité. — Inertie. — Notions sur le mouvement et sur les forces.

Pesanteur.

Direction de la pesanteur. — Centre de gravité. — Poids.

Lois de la chute des corps. — Machine d'Atwood.
Pendule. — Observations de Galilée. — Intensité de la pesanteur.
Balance.
Notions sur les divers états des corps.
Principe d'égalité de pression dans les fluides. — Surface libre
des liquides pesants en équilibre. — Pression sur le fond des va-
ses. — Description sommaire de la presse hydraulique.
Vases communiquants.
Principes d'Archimède. — Poids spécifiques. — Notions sur les
aréomètres.
Pesanteur de l'air. — Baromètre.
Loi de Mariotte.
Machine pneumatique. — Pompes. — Siphons. — Aérostats.

Chaleur.

Dilatation des corps par la chaleur. — Thermomètre.
Chaleur rayonnante.
Fusion, solidification. — Chaleur latente. — Mélanges réfri-
gérants.
Formation des vapeurs dans le vide. — Vapeurs saturées et
non saturées. — Maximum de tension. — Méthode de Dalton.
Ébullition. — Distillation. — Froid produit par l'évaporation.
Notions sur les machines à vapeur.
Notions sommaires d'hygrométrie. — Rosée.

Électricité et magnétisme.

Développement de l'électricité par le frottement. — Électricité
par influence. — Électroscopes. — Électrophore. — Machine électrique.
Condensateur. — Bouteille de Leyde et batterie. — Électricité
atmosphérique. — Foudre. — Paratonnerre.
Aimants. — Pôles. — Aimantation. — Définition de la déclinaison et de l'inclinaison. — Boussole.
Pile voltaïque. — Courants. — Effets physiologiques, mécaniques, physiques et chimiques de la pile.
Aimantation du fer doux par les courants. — Télégraphe électrique.

Acoustique.

Du son. — Vitesse dans l'air. — Qualités du son.

Optique.

Propagation de la lumière. — Ombre et pénombre.

Loi de la réflexion. — Miroirs plans. — Miroirs sphériques, concaves et convexes.

Réfraction. — Prismes. — Lentilles. — Spectre solaire.

Loupe. — Lunette astronomique.

(60 leçons environ.)

XXXI

Chimie [1].

Cohésion et ses effets. — Cristallisation.

Formation des corps composés : synthèse. — Leur décomposition : analyse.

Affinité et ses modifications.

Corps simples. — Métalloïdes et métaux.

Corps composés. — Acides, bases, corps neutres, sels.

Principes de la nomenclature.

Proportions multiples.

Oxygène. — Combustion.

Hydrogène. — Eau. — Analyse et synthèse de l'eau. — Eaux potables.

Azote. — Air atmosphérique. — Analyse qualitative et quantitative de l'air.

Notions sur les équivalents.

Carbone. — Acide carbonique : sa formation par les animaux, sa décomposition par les plantes. — Oxyde de carbone. — Hydrogène bicarboné. — Gaz de l'éclairage. — Flammes. — Lampe de sûreté.

Oxydes d'azote. — Acide azotique. — Ammoniaque.

Soufre. — Acide sulfureux. — Acide sulfurique. — Hydrogène sulfuré.

Phosphore. — Acide phosphorique. — Hydrogène phosphoré.

Chlore. — Acide chlorhydrique. — Eau régale.

Classification des métalloïdes en familles naturelles.

Métaux en général. — Leur classification.

Alliages principaux.

Sels en général.

---

1. Le professeur ne perdra pas de vue que cet enseignement est destiné à fixer dans la mémoire des élèves, non le détail descriptif des corps, mais la connaissance des vues générales ou pratiques sur l'air, l'eau, l'oxydation, la combustion ; sur les conditions et les effets de l'action chimique et sur les forces qui en résultent.

XXXII

Dessin d'imitation et d'ornement.   ●

Le programme est le même que celui de la classe de rhétorique. Seulement, les élèves sont tenus, dans la dernière année du cours, c'est-à-dire dans l'année de philosophie, de reproduire quelques modèles d'ornements en couleur.

MATHÉMATIQUES ÉLÉMENTAIRES.

(2ᵉ année [1].)

ENSEIGNEMENT LITTÉRAIRE.

XXXIII

Résumé des cours d'histoire des classes de rhétorique et de philosophie. Voir les programmes XXII et XXVIII, p. 31 et 35. (Une leçon par semaine.)

XXXIV

Résumé du cours de philosophie. Voir le programme XXVII, p. 34. (Une conférence d'une heure par semaine, le jeudi matin.)

XXXV

Étude d'une langue vivante.

ENSEIGNEMENT SCIENTIFIQUE.

XXXVI

Arithmétique.

On reprendra rapidement le programme XIII de la classe de troisième (p. 24), en le complétant par quelques leçons sur les propriétés des nombres premiers, les fractions décimales périodiques, les erreurs relatives et l'extraction des racines.

---

1. Il peut y avoir pour la classe de mathématiques élémentaires un cours de première année ou cours préparatoire, destiné aux élèves qui n'auraient pas suivi toutes les classes d'humanités. Voy. à cet égard les détails contenus dans les programmes sommaires, p. 7.

XXXVII

Algèbre élémentaire.

Révision et compléments des premières notions données dans la classe de seconde (programme XVIII; p. 28).

Discussion des formules qui résolvent un système d'équation du premier degré à deux inconnues. — Exercices.

Équation du second degré à une inconnue. — Double solution. — Valeurs imaginaires.

Propriétés des trinômes du second degré.

Des questions de maximum et de minimum qui peuvent se résoudre par les équations du second degré.

Principales propriétés des progressions arithmétiques et des progressions géométriques.

Théorie des logarithmes déduite des progressions.

Logarithmes dont la base est 10. — Tables. — De la caractéristique.

Introduction des caractéristiques négatives pour étendre aux nombres plus petits que 1 les calculs logarithmiques [1].

Usage des tables.

Intérêts composés et annuités. — Application des logarithmes à ces questions.

XXXVIII

Géométrie.

Géométrie plane.

On reprendra rapidement le programme XIV de la classe de troisième, p. 25, et le programme XIX de la classe de seconde, p. 28, en les complétant sur quelques points, particulièrement sur l'inscription des polygones réguliers (cas du décagone), et la détermination du

---

1. Pour définir les logarithmes des nombres plus petits que 1, il suffit d'étendre à ces nombres la propriété fondamentale des logarithmes. Soit a un nombre plus petit que 1, et soit P le produit $a \times 10^n$ supposé supérieur ou au moins égal à 1, P aura un logarithme, et, si l'on convient d'étendre à ce produit la propriété fondamentale, on aura :

$$\log a \text{ ou } \log \frac{P}{10^n} = \log P - n.$$

Ainsi, on *convient d'appeler logarithme de* a *le logarithme de* P, *diminué de* n. En faisant porter cette soustraction sur la caractéristique seule, on voit que celle-ci contiendra un nombre d'unités *négatives* égal au rang qu'occupe, à droite de la virgule, le premier chiffre significatif de a.

rapport de la circonférence au diamètre par la méthode des isopérimètres. — On terminera cette révision par des exercices et problèmes sur la comparaison des aires : Construire un carré équivalent à un polygone donné. — Construire un carré dont le rapport à un carré donné soit égal au rapport de deux lignes données. — Construire un rectangle équivalent à un carré donné, et dont les côtés adjacents fassent une somme ou aient entre eux une différence donnée. Application à la construction des racines des équations du second degré à une inconnue.

Géométrie dans l'espace.

Du plan et de la ligne droite. — Condition pour qu'une droite soit perpendiculaire à un plan.

Propriétés de la perpendiculaire et des obliques menées d'un même point à un plan.

Parallélisme des droites et des plans.

Angle dièdre. — Génération des angles dièdres par la rotation d'un plan autour d'une droite. — Dièdre droit.

Mesure des angles dièdres.

Propriétés des plans perpendiculaires entre eux.

Angles trièdres. — Cas d'égalité et de symétrie.

Propriétés de l'angle trièdre supplémentaire.

Limite de la somme des faces d'un angle polyèdre convexe.

Limites de la somme des angles dièdres d'un angle trièdre. — Analogies et différences entre les angles trièdres et les triangles rectilignes.

Des polyèdres. — Prismes. — Parallélipipède, cube, pyramide. — Sections planes, parallèles, du prisme et de la pyramide.

Mesure des volumes. — Volume du parallélipipède, du prisme, de la pyramide, du tronc de pyramide à bases parallèles, du tronc de prisme triangulaire.

De la symétrie dans les polyèdres. — Plan de symétrie. — Centre de symétrie [1].

Comparaison des faces, des angles dièdres, des angles polyèdres homologues de deux polyèdres symétriques. — Équivalence de leurs volumes.

Polyèdres semblables [2].

Cas de similitude de deux pyramides triangulaires.

Rapport des volumes de deux polyèdres semblables. — Pôle de

1. L'étude de la symétrie par rapport à un point se ramène à celle de la symétrie par rapport à un plan, en imprimant une rotation de 180° à l'une des deux figures autour d'un axe perpendiculaire à ce plan et passant par le centre de symétrie.

2. On appelle ainsi ceux qui sont compris sous un même nombre de faces semblables chacune à chacune et dont les angles polyèdres homologues sont égaux.

similitude de deux polyèdres semblables et semblablement placés.

Les corps ronds. — Cylindre droit à base circulaire. — Mesure de la surface latérale et du volume. — Extension aux cylindres droits à base quelconque.

Cône droit à base circulaire. — Sections parallèles à la base. — Surface latérale du cône, du tronc de cône à bases parallèles. — Volume du cône, du tronc de cône à bases parallèles.

Sphère. — Sections planes; grands cercles; petits cercles. — Pôles d'un cercle. — Étant donnée une sphère, trouver son rayon par une construction plane.

Plan tangent. — Angle de deux arcs de grand cercle.

Notions sur les triangles sphériques : leur analogie parfaite avec les angles trièdres.

Mesure de la surface engendrée par une ligne brisée régulière tournant autour d'un axe mené dans son plan et par son centre. — Aire de la zone, de la sphère entière. — Exercices.

Mesure du volume engendré par un triangle tournant autour d'un axe mené dans son plan par un de ses sommets. — Application au secteur polygonal régulier tournant autour d'un axe mené dans son plan et par son centre. — Volume du secteur sphérique, de la sphère entière, du segment sphérique. — Exercices. — Volume approché d'un solide limité par une surface quelconque.

XXXIX

Géométrie (Notions sur quelques courbes [1]).

Définition de l'ellipse par la propriété des foyers. — Tracé de la courbe par points et d'un mouvement continu. — Axes. — Sommets. — Rayons vecteurs.

Définition générale de la tangente à une courbe.

Les rayons vecteurs menés des foyers à un point de l'ellipse font, avec la tangente en ce point, et d'un même côté de cette ligne, des angles égaux.

Mener la tangente à l'ellipse par un point pris sur la courbe, par un point extérieur. — Normale à l'ellipse.

Définition de la parabole par la propriété du foyer et de la directrice. — Tracé de la courbe par points et d'un mouvement continu. — Axe. — Sommet. — Rayon vecteur.

La tangente fait des angles égaux avec la parallèle à l'axe et le rayon vecteur menés par le point de contact.

Mener la tangente à la parabole par un point pris sur la courbe, par un point extérieur. — Normale. — Sous-normale.

____

1. Ces *notions* n'occuperont que cinq ou six leçons. On en donnera le double environ à chacun des programmes XL, XLI et XLII, p. 47 et 48.

Relation entre le carré d'une ordonnée perpendiculaire à l'axe et la distance de cette ordonnée au sommet.

Définition de l'hélice, considérée comme résultant de l'enroulement du plan d'un triangle rectangle sur un cylindre droit à base circulaire. — Pas de l'hélice.

La tangente à l'hélice fait avec l'arête du cylindre un angle constant.

Construire la projection de l'hélice et de la tangente sur un plan perpendiculaire à la base du cylindre.

XL

Trigonométrie rectiligne.

Lignes trigonométriques. — Relations entre les lignes trigonométriques d'un même angle. — Expression du sinus et du cosinus en fonction de la tangente.

Formules relatives au sinus, cosinus et tangentes de la somme et de la différence de deux arcs.

Expressions de $\sin 2a$, $\cos 2a$ et $\tan 2a$. — Connaissant $\cos a$ ou $\sin a$, calculer $\sin \frac{1}{2} a$ et $\cos \frac{1}{2} a$.

Rendre calculable par logarithmes la somme de deux lignes trigonométriques, sinus, cosinus et tangente.

Notions sur la construction des tables trigonométriques. — Usage des tables.

Relation entre les angles et les côtés d'un triangle rectangle ou d'un triangle quelconque.

Résolution des triangles rectangles.

Résolution des triangles quelconques dans les quatre cas qui peuvent se présenter. — Déterminer l'aire du triangle en fonction des données.

Application de la trigonométrie à diverses questions que présente le levé des plans : Distance à un point inaccessible. — Mesure des hauteurs. — Trois points, A, B, C, étant donnés sur un plan, déterminer un quatrième point d'où les distances AB et BC ont été vues sous des angles qu'on a mesurés.

XLI

Éléments de géométrie descriptive.

Insuffisance du dessin ordinaire pour la représentation des corps. — Utilité d'une méthode géométrique qui, par des opérations graphiques exécutées sur un seul et même plan, fasse connaître exactement la forme et la position d'une figure à trois dimensions.

Projection d'un point, d'une droite, d'une ligne quelconque sur un plan. — Plan de projection.

Traces d'une droite. — Vraie longueur de la droite qui joint deux points donnés par leurs projections.

Angles d'une droite avec les plans de projection.

Représentation d'un plan par ses traces. — Angles d'un plan avec les plans de projection.

Méthode des rabattements. — Exercices.

Intersection de deux plans. — Intersection d'une droite et d'un plan.

Distance d'un point à un plan. — Distance d'un point à une droite.

Angle de deux droites. — Angle d'une droite et d'un plan. — Angle de deux plans.

Projections d'un prisme, d'une pyramide, d'un cylindre, d'un cône à base circulaire, exécutées sur des objets réels.

Sections planes des polyèdres.

Notions sur la méthode des plans cotés.

XLII

Cosmographie.

Révision du cours de rhétorique (programme XXV, p. 33).

XLIII

Mécanique.

Éléments de statique.

Notions sur les forces. — Condition d'égalité de deux forces. — Leur évaluation numérique. — Comparaison des forces aux poids à l'aide du dynamomètre.

On admet que deux forces égales et contraires, appliquées à deux points liés par une droite invariable de longueur, et agissant dans la direction de cette droite, se font équilibre. — Translation du point d'application d'une force en un point quelconque de sa direction, qu'on suppose lié invariablement au premier.

Composition de deux forces appliquées à un même point.—Théorème des moments par rapport à un point pris dans le plan des forces.

Composition d'un nombre quelconque de forces appliquées à un même point. — Condition d'équilibre.

Composition de deux forces parallèles. — Couple.

Composition d'un nombre quelconque de forces parallèles. — Centre des forces parallèles.

Centre de gravité; sa recherche dans quelques cas simples : triangle et pyramide.

Composition d'un système quelconque de forces appliquées à un corps solide. — Leur réduction à deux forces, dont l'une est appliquée à un point pris à volonté. — Condition générale de l'équilibre.

Des machines simples.

Levier. — Condition générale d'équilibre du levier. — Relation entre la puissance et la résistance.

Des balances. — Balance ordinaire, balance romaine, bascule du commerce.

Poulie. — Équilibre de la poulie fixe. — Équilibre de la poulie mobile. — Moufles.

Treuil. — Condition générale d'équilibre du treuil. — Relation entre la puissance et la résistance.

Plan incliné. — Équilibre d'un corps placé sur un plan incliné.

Éléments de cinématique et de dynamique.

Mouvement rectiligne uniforme. — Vitesse.

Mouvement rectiligne varié. — Vitesse moyenne. — Vitesse à un instant quelconque.

Mouvement rectiligne uniformément varié. — Accélération.

De l'accélération à un instant quelconque dans le mouvement rectiligne varié.

Composition de deux mouvements simultanés rectilignes, uniformes ou uniformément variés.

Mouvement de rotation uniforme autour d'un axe fixe.—Vitesse angulaire.

Loi de l'inertie.

Loi du mouvement relatif[1]. — On en déduit qu'une force constante, agissant sur un point matériel qui part du repos ou qui est animé d'une vitesse initiale de même direction que la force, lui imprime un mouvement uniformément varié. — Réciproque.

Deux forces constantes sont proportionnelles aux accélérations qu'elles produisent, en agissant séparément sur un même point

____

1. On admet ces deux lois comme résultats de l'expérience.

matériel qui part du repos, ou qui est animé d'une vitesse initiale de même direction que la force.

De la masse. — Sa mesure au moyen du poids.

Notions sur le travail des forces.

Ce qu'on appelle travail d'une force constante appliquée à un point dont le déplacement est rectiligne. — Unité de travail.

Faire voir que, dans les machines simples, à l'état de mouvement uniforme, et sollicitées uniquement par une puissance et une résistance, le travail moteur est égal au travail résistant [1].

Influence des résistances dites passives. — Dans la pratique, le travail moteur est toujours plus grand que le travail résistant utile.

(18 leçons environ.)

XLIV

Physique.

Préliminaires.

Divisions de la physique.

Mobilité, inertie, forces. — Mouvement uniforme. — Mouvement uniformément varié. — Proportionnalité des forces constantes aux accélérations qu'elles impriment à un même mobile. — Masses.— Mesure des forces constantes. — Énoncé de la règle du parallélogramme des forces et de la composition de deux forces parallèles. — Centre des forces parallèles.

Pesanteur.

Direction de la pesanteur. — Centre de gravité. — Poids.

Lois de la chute des corps. — Machine d'Atwood. — Appareil de M. Morin.

Pendule. — Observations de Galilée. — Intensité de la pesanteur. Balance.

Notions sur les divers états des corps.

Principe d'égalité de pression dans les fluides. — Surface libre des liquides pesants en équilibre. — Pression sur le fond des vases. — Presse hydraulique.

Vases communiquants.

Principe d'Archimède. — Poids spécifiques. — Aréomètres.

Pesanteur de l'air. — Baromètre.

Loi de Mariotte. — Manomètres.

Machine pneumatique. — Pompes. — Siphons. — Aérostats.

---

1. Dans le cas de la poulie mobile, on supposera les cordons parallèles.

Chaleur.

Dilatation des corps par la chaleur.
Construction et usage des thermomètres.
Notions sur les coefficients de dilatation des solides, des liquides et des gaz. — Leurs usages.
Poids spécifiques des gaz (procédé de M. Regnault).
Chaleur rayonnante. — Expériences de Melloni.
Notions sur la conductibilité des corps. — Procédés d'Ingenhouz. — Détermination de la chaleur spécifique des solides et des liquides par la méthode des mélanges.
Fusion et solidification. — Chaleur latente. — Mélanges réfrigérants.
Formation des vapeurs dans le vide. — Vapeurs saturées et non saturées. — Maximum de tension. — Mesure du maximum de tension de la vapeur d'eau à diverses températures par la méthode de Dalton. — Tables.
Mélanges des gaz et des vapeurs.
Évaporation. — Ébullition. — Distillation.
Chaleur latente des vapeurs. — Froid produit par l'évaporation.
Machines à vapeur. — Kilogrammètre. — Cheval-vapeur.
Hygrométrie. — Rosée.
Climats. — Température. — Influence de l'altitude, de la position sur les continents et les îles. — Lignes isothermes. — Distribution annuelle de la température.
Vents réguliers et irréguliers.

Électricité et magnétisme.

Développement de l'électricité par frottement. — Corps conducteurs et non conducteurs.
Énoncé de la loi des attractions et répulsions électriques.
L'électricité se porte à la surface des corps et s'accumule vers les pointes.
Électricité par influence. — Électroscopes. — Électrophore. — Machine électrique.
Condensateur. — Bouteille de Leyde et batterie. — Électromètre condensateur.
Électricité atmosphérique. — Foudre. — Paratonnerre.
Attraction qui s'exerce entre l'aimant et le fer. — Pôles des aimants. — Définitions de la déclinaison et de l'inclinaison. — Boussoles. — Distribution du magnétisme terrestre. — Procédés d'aimantation.
Expériences de Galvani et de Volta. — Pile voltaïque. — Diverses modifications de cet appareil. — Effets physiologiques, mécaniques, physiques et chimiques. — Galvanoplastie. — Dorure. — Argenture.

Expérience d'OErsted. — Construction et usage du galvanomètre.

Expériences qui constatent l'action des courants sur les courants et des courants sur les aimants. — Solénoïdes. — Assimilation des aimants aux solénoïdes.

Aimantation pour les courants. — Télégraphes. — Thermomultiplicateur.

Expériences fondamentales sur l'induction électrique. — Appareil de Pixii et de Clarke.

Acoustique.

Production du son. — Vitesse de transmission dans l'air.
Intensité du son. — Hauteur du son. — Sirène.
Vibrations des cordes. — Gamme et intervalles musicaux.

Optique.

Propagation de la lumière dans un milieu homogène. — Ombre. — Pénombre. — Mesure des intensités relatives de deux lumières.

Lois de la réflexion. — Miroirs plans. — Miroirs sphériques, concaves et convexes.

Lois de la réfraction. — Prismes. — Lentilles.

Décomposition et recomposition de la lumière. — Spectre solaire.

Vision.

Chambre noire. — Microscope solaire. — Loupe. — Microscope composé. — Lunettes astronomiques. — Télescope de Newton. — Lunette de Galilée.

Actions chimiques produites par la lumière. — Daguerréotype. — Photographie.

(Deux leçons au moins par semaine.)

XLV

Chimie.

Cohésion et ses effets. — Cristallisation. — Isomorphisme et dimorphisme.

Formation des corps composés : synthèse. — Leur décomposition : analyse.

Affinité et ses modifications.

Corps simples. — Métalloïdes et métaux.

Corps composés. — Acides, bases, corps neutres, sels.

Principes de la nomenclature.

Proportions multiples.

Oxygène. — Combustion. — Exemples de combustion vive et de combustion lente. — Chaleur dégagée par la combustion des principaux corps combustibles.

Hydrogène. — Eau. — Analyse et synthèse de l'eau. — Eaux potables.

Azote. — Air atmosphérique. — Analyse qualitative et quantitative de l'air.

Équivalents chimiques.

Carbone. — Acide carbonique. — Synthèse de cet acide. — Sa formation par les animaux. — Sa décomposition par les plantes. — Oxyde de carbone. — Hydrogène bicarboné. — Gaz de l'éclairage. — Flammes. — Lampe de sûreté.

Oxyde d'azote. — Acide azotique. — Ammoniaque.

Soufre. — Acide sulfureux. — Acide sulfurique. — Hydrogène sulfuré.

Phosphore. — Acide phosphorique. — Hydrogène phosphoré.

Chlore. — Acide chlorhydrique. — Eau régale.

Classification des métalloïdes en familles naturelles. — Rappeler les principaux composés qu'ils forment entre eux. — Donner leur formule.

Métaux en général. — Leurs propriétés et leur classification.

Alliages.

Action de l'oxygène, de l'air sec et de l'air humide sur les métaux. — Action du soufre et du chlore.

Oxydes métalliques. — Action de la chaleur, du carbone, de l'eau. — Préparation générale des oxydes métalliques. — Potasse, soude et chaux.

Sulfures. — Chlorures. — Sel marin.

Notions sommaires de métallurgie. — Fer, fontes et aciers. — Plomb et cuivre. — Étain et zinc. — Argent.

Sels. — Leurs propriétés générales. — Lois de leur composition. — Lois de Berthollet.

Principaux genres de sels. — Carbonates : carbonate de potasse, de soude et de chaux. — Sulfates : aluns. — Azotates : nitre et poudre.

Un sel étant donné parmi les sels usuels, montrer comment on en reconnaît le genre et l'espèce.

(Une leçon par semaine.)

Nota. Les cours de sciences seront terminés vers le 1er juin, afin que les professeurs aient le temps nécessaire pour préparer les élèves aux examens.

MATHÉMATIQUES SPÉCIALES

XLVI

1° ARITHMÉTIQUE.

ENSEIGNEMENT ÉLÉMENTAIRE.

Numération *décimale*.

Addition et soustraction des nombres entiers.

Multiplication des nombres entiers. — Le produit de plusieurs nombres entiers ne change pas quand on intervertit l'ordre des facteurs. — Pour multiplier un nombre par un produit de plusieurs facteurs, il suffit de multiplier successivement par les facteurs de ce produit.

Division des nombres entiers. — Pour diviser un nombre par un produit de plusieurs facteurs, il suffit de diviser successivement par les facteurs de ce produit.

Restes de la division d'un nombre entier par 2, 3, 5, 9. — Caractère de divisibilité par chacun de ces nombres.

Définition des nombres premiers et des nombres premiers entre eux. — Trouver le plus grand commun diviseur de *deux* nombres. — Tout nombre qui divise un produit de deux facteurs, et qui est premier avec l'un des facteurs, divise l'autre.

Décomposition d'un nombre en ses facteurs premiers. — En déduire le plus petit nombre divisible par des nombres donnés.

Fractions ordinaires. — Une fraction ne change pas de valeur quand on multiplie ou quand on divise ses deux termes par un même nombre. — Réduction d'une fraction à sa plus simple expression. — Réduction de plusieurs fractions au même dénominateur. — Plus petit dénominateur commun.

Opérations sur les fractions ordinaires.

Nombres décimaux. — Opérations. — Comment on obtient un produit et un quotient à une unité près d'un ordre décimal donné. — Erreurs relatives correspondantes des données et du résultat.

Réduire une fraction ordinaire en fraction décimale. — Quand le dénominateur d'une fraction irréductible contient d'autres facteurs premiers que 2 et 5, la fraction ne peut être convertie exactement en décimales, et le quotient qui se prolonge indéfiniment est périodique.

Étant donnée une fraction décimale périodique, simple ou mixte, trouver la fraction ordinaire génératrice.

Système des mesures légales. — Mesures de longueur. — Mètre; ses divisions; ses multiples. — Rapport de l'ancienne toise de six pieds au mètre. — Convertir en mètres un nombre donné de toises.

Mesures de superficie, de volume et de capacité.

Mesures de poids. — Monnaies. — Titres et poids des monnaies de France. Table de conversion des anciennes mesures en mesures légales.

Formation du carré et du cube de la somme de deux nombres. — Extraction de la racine carrée d'un nombre entier. — Indication sommaire de la marche à suivre pour l'extraction de la racine cubique.

Carré et cube d'une fraction. — Racine carrée d'une fraction ordinaire et décimale à une unité près d'un ordre décimal donné.

Rapports des grandeurs concrètes. — Dans une suite de rapports égaux, la somme des numérateurs et celle des dénominateurs forment un rapport égal aux rapports proposés.

Notions générales sur les grandeurs qui varient dans le même rapport ou dans un rapport inverse. — Solution par la méthode dite *de réduction à l'unité* des questions les plus simples dans lesquelles on considère de telles quantités. — Mettre en évidence les rapports des quantités de même nature qui entrent dans le résultat final, et en conclure la règle générale à suivre pour écrire immédiatement la solution demandée.

Intérêts simples. — Formule générale qui fournit la solution de toutes les questions relatives aux intérêts simples. De l'escompte commercial.

Partager une somme en parties proportionnelles à des nombres donnés. — Exercices.

Usage des tables de logarithmes pour abréger les calculs de multiplication et de division, l'élévation aux puissances et l'extraction des racines.

Emploi de la *règle à calcul*, borné à la multiplication et à la division.

2° GÉOMÉTRIE.

ENSEIGNEMENT ÉLÉMENTAIRE.

Figures planes.

Ligne droite et plan. — Ligne brisée. — Ligne courbe.

Lorsque deux droites partent d'un même point, suivant les directions différentes, elles forment une figure qu'on appelle *angle*. Génération des angles par la rotation d'une droite autour d'un de ses points.

Angles droit, aigu, obtus.

Angles adjacents. — Angles opposés par le sommet.

Triangles. — Cas d'égalité les plus simples.

Propriété du triangle isocèle.

Propriété de la perpendiculaire et des obliques, menées d'un même point à une droite. — Cas d'égalité des triangles rectangles.

Droites parallèles. — Lorsque deux parallèles sont rencontrées par une sécante, les quatre angles aigus qui en résultent sont égaux entre eux, ainsi que les quatre angles obtus. — Dénominations attribuées à ces divers angles. — Réciproques [1].

Angles dont les côtés sont parallèles ou perpendiculaires.

Sommes des angles d'un triangle et d'un polygone quelconques.

Parallélogrammes. — Propriété de leurs côtés, de leurs angles et de leurs diagonales.

De la circonférence du cercle. — Dépendance mutuelle des arcs et des cordes.

Le rayon perpendiculaire à une corde divise cette corde et l'arc sous-tendu, chacun en deux parties égales.

Dépendance mutuelle des longueurs des cordes et de leurs distances au centre. — Condition pour qu'une droite soit tangente à une circonférence. — Arcs interceptés par des cordes parallèles.

Condition du contact et de l'intersection de deux cercles.

Mesures des angles. — Si des sommets de deux angles on décrit deux arcs de cercle d'un même rayon, le rapport des angles sera égal à celui des arcs compris entre leurs côtés.

Angles inscrits. — Évaluation des angles en degrés, minutes et secondes.

Problèmes. — Usage de la règle et du compas dans les constructions sur le papier. — Vérification de la règle.

Problèmes élémentaires sur la construction des angles et des triangles.

Tracé des perpendiculaires et des parallèles. — Abréviation des constructions au moyen de l'équerre et du rapporteur. — Vérification de l'équerre.

Division d'une droite et d'un arc en deux parties égales. — Décrire une circonférence qui passe par trois points donnés. — D'un point donné hors d'un cercle mener une tangente à ce cercle. — Mener une tangente commune à deux cercles. — Décrire sur une droite donnée un segment capable d'un angle donné.

Lignes proportionnelles [2]. — Toute parallèle à l'un des côtés d'un triangle divise les deux autres côtés en parties proportionnelles. — Réciproque. — Propriété de la bissectrice de l'angle d'un triangle.

Polygones semblables. — En coupant un triangle par une parallèle à l'un de ses côtés, on détermine un triangle partiel semblable au premier. — Conditions de similitude des triangles.

---

1. On admettra qu'on ne peut mener, par un point donné, qu'une seule parallèle à une droite.

2. La proposition étant démontrée pour le cas où il y a entre les arcs une commune mesure, quelque petite qu'elle soit, sera par cela même considérée comme générale.

Décomposition des polygones semblables en triangles semblables. — Rapport des périmètres.

Relations entre la perpendiculaire abaissée du sommet de l'angle droit d'un triangle rectangle sur l'hypoténuse, les segments de l'hypoténuse, l'hypoténuse elle-même et les côtés de l'angle droit.

Relations entre le carré du nombre qui exprime la longueur du côté d'un triangle opposé à un angle droit, aigu ou obtus, et les carrés des nombres qui expriment les longueurs des deux autres côtés.

Si d'un point pris dans le plan d'un cercle on mène des sécantes, le produit des distances de ce point aux deux points d'intersection de chaque sécante avec la circonférence est constant, quelle que soit la direction de la sécante. — Cas où elle devient tangente.

Diviser une droite donnée en parties égales ou en parties proportionnelles à des lignes données. — Trouver une quatrième proportionnelle à trois lignes ; une moyenne proportionnelle entre deux lignes.

Construire sur une droite donnée un polygone semblable à un polygone donné.

Polygones réguliers. — Tout polygone régulier peut être inscrit et circonscrit au cercle.

Le rapport des périmètres de deux polygones réguliers, d'un même nombre de côtés, est le même que celui des rayons des cercles circonscrits [1].

Le rapport d'une circonférence à son diamètre est un nombre constant.

Inscrire dans un cercle de rayon donné un carré, un hexagone régulier, un décagone régulier. — Manière d'évaluer le rapport approché de la circonférence au diamètre, en calculant les périmètres des polygones réguliers de 4, 8, 16, 32.... côtés, inscrits dans un cercle de rayon donné.

De l'aire des polygones et de celle du cercle. — Mesure de l'aire du rectangle ; du parallélogramme ; du triangle ; du trapèze ; d'un polygone quelconque. — Méthode de la décomposition en triangles et en trapèzes rectangles.

Relations entre le carré construit sur le côté d'un triangle, opposé à un angle droit ou aigu ou obtus, et les carrés construits sur les deux autres côtés.

Le rapport des aires de deux polygones semblables est le même que celui des carrés des côtés homologues.

Aire d'un polygone régulier. — Aire d'un cercle, d'un secteur et d'un segment de cercle. — Rapport des aires de deux cercles de rayons différents.

---

1. En conservant les énoncés habituels, on devra remplacer, dans les démonstrations, l'algorithme des proportions par l'égalité des rapports.

Figures dans l'espace.

Du plan et de la ligne droite. — Deux' droites qui se coupent déterminent la position d'un plan. — Condition pour qu'une droite soit perpendiculaire à un plan.

Propriété de la perpendiculaire et des obliques, menées d'un même point à un plan.

Parallélisme des droites et des plans.

Lorsque deux plans se rencontrent, la figure que forment ces plans, terminés à leur intersection commune, s'appelle *angle dièdre*. — Génération des angles dièdres par la rotation d'un plan autour d'une droite. — Dièdre droit. Angle plan correspondant à l'angle dièdre. — Le rapport de deux angles dièdres est le même que celui de leurs angles plans.

Plans perpendiculaires entre eux. — Si deux plans sont perpendiculaires à un troisième, leur intersection commune est perpendiculaire à ce troisième.

Des polyèdres. — Parallélipipède. — Mesure du volume du parallélipipède rectangle, du parallélipipède quelconque, du prisme triangulaire, du prisme quelconque.

Pyramide. — Mesure du volume de la pyramide triangulaire, de la pyramide quelconque. — Volume du tronc de pyramide à bases parallèles.

Exercices numériques.

Polyèdres semblables.

En coupant une pyramide par un plan parallèle à sa base, on détermine une pyramide partielle semblable à la première. — Deux pyramides triangulaires qui ont un angle dièdre égal, compris entre deux faces semblables et semblablement placées, sont semblables.

Décomposition des polyèdres semblables en pyramides triangulaires semblables. — Rapport de leurs volumes. — Exercices numériques.

Cône droit à base circulaire. — Sections parallèles à la base. — Surface latérale du cône, du tronc de cône à bases parallèles. — Volume du cône, du tronc de cône à bases parallèles.

Cylindre droit à base circulaire. — Mesure de la surface latérale et du volume. — Extension aux cylindres droits à base quelconque.

Sphère. — Sections planes; grands cercles; petits cercles. — Pôles d'un cercle. — Étant donnée une sphère, trouver son rayon.

Plan tangent.

Mesure de la surface engendrée par une ligne brisée régulière, tournant autour d'un axe mené dans son plan et par son centre.— Aire de la zone; de la sphère entière.

Mesure du volume engendré par un triangle, tournant autour d'un axe mené dans son plan par un de ses sommets. — Application au secteur polygonal régulier, tournant autour d'un axe mené

dans son plan et par son centre. — Volume du secteur sphérique
de la sphère entière.

ENSEIGNEMENT COMPLÉMENTAIRE.

Angles polyèdres.

Chacun des angles plans qui composent un angle trièdre est
moindre que la somme des deux autres.

La somme des angles plans qui forment un angle polyèdre convexe est toujours moindre que quatre angles droits.

Si deux angles trièdres sont formés des mêmes angles plans, les
angles dièdres compris entre les angles plans égaux sont égaux.

Figures symétriques.

Plan de symétrie. — Centre de symétrie. — Dans deux polyèdres
symétriques, les faces homologues sont égales chacune à chacune,
et l'inclinaison de deux faces adjacentes, dans un de ces solides,
est égale à l'inclinaison des faces homologues dans l'autre.

Deux polyèdres symétriques sont équivalents.

Des figures tracées sur la sphère.

Dans tout triangle sphérique, un côté quelconque est plus petit
que la somme des deux autres.

Le plus court chemin d'un point à un autre sur la surface de la
sphère est un arc de grand cercle.

Mesure de l'angle de deux arcs de grand cercle.

Propriété du triangle polaire ou supplémentaire.

Deux triangles sphériques, situés sur la même sphère ou sur des
sphères égales, sont égaux dans toutes leurs parties : 1° lorsqu'ils
ont un angle égal compris entre deux côtés égaux chacun à chacun ; 2° lorsqu'ils ont un côté égal adjacent à deux angles égaux
chacun à chacun ; 3° lorsqu'ils sont équilatéraux entre eux; 4° lorsqu'ils sont équiangles entre eux. — Dans ces différents cas les
triangles sont égaux ou symétriques.

La somme des angles de tout triangle sphérique est plus grande
que deux droits et moindre que six droits.

Deux triangles sphériques symétriques sont équivalents.

L'aire d'un triangle sphérique est à celle de la sphère entière
comme l'excès de la somme de ces angles sur deux angles droits
est à huit angles droits. — Ce qu'on appelle excès sphérique.

À chaque propriété des triangles ou polygones sphériques cor-
respond une propriété analogue des angles trièdres ou polyèdres.

3° ALGÈBRE.

ENSEIGNEMENT ÉLÉMENTAIRE.

Calcul algébrique. — Emploi des lettres et des signes comme moyen d'abréviation et de généralisation. — Termes semblables.

Addition et soustraction.

Multiplication. — Règle des signes.

Divisions des monômes. — Exposant *zéro*. — Exposé sommaire de la division des polynômes.

Équations du premier degré. — Résolution des équations numériques du premier degré à une inconnue, des équations du premier degré à plusieurs inconnues, par la méthode dite *de substitution*.

Interprétation des valeurs relatives dans les problèmes. — Usage et calcul des quantités négatives.

Des cas d'impossibilité et d'indétermination.

Formules générales pour la résolution d'un système d'équations du premier degré à *deux* inconnues. — Discussion complète de ces formules.

Équation du second degré à une inconnue. — Résolution. — Double solution. — Valeurs imaginaires.

Décomposition du trinôme $x^2 + px + q$ en facteurs du premier degré. Relations entre les coefficients et les racines de l'équation $x^2 + px + q = 0$.

Des questions de maximum et de minimum qui peuvent se résoudre par les équations du second degré.

ENSEIGNEMENT COMPLÉMENTAIRE.

Compléments des éléments d'algèbre.

Notions sur les nombres incommensurables.

Division des polygones.

Résolution des équations générales du premier degré à plusieurs inconnues. On développera les calculs relatifs au cas de deux équations et à celui de trois équations. On fera connaître la règle générale pour former le démonstrateur commun et pour en déduire les numérateurs. — Discussion complète des formules générales propres au cas de deux équations.

Lorsque dans l'équation $ax^2 + bx + c = 0$, a tend vers zéro, l'une des racines croît indéfiniment. — Calcul numérique des deux racines quand a est très-petit.

Équations réductibles au second degré.

Calcul des valeurs *arithmétiques* des radicaux.

Exposants fractionnaires. — Exposants incommensurables. — Exposants négatifs.

Des progressions et des séries en général.

Progressions arithmétiques et géométriques. — Sommation des termes.

Ce qu'on appelle série. — Convergence et divergence. — Les termes d'une série peuvent décroître indéfiniment sans que la série soit convergente.

Une progression géométrique est convergente si la raison est plus petite que l'unité; divergente, si la raison est plus grande que l'unité.

Une série est convergente lorsque, à partir d'un certain terme, la valeur absolue du rapport d'un terme au précédent est constamment inférieure à un nombre déterminé plus petit que l'unité.

Lorsque les termes d'une série décroissent indéfiniment, et sont alternativement positifs et négatifs, la série est convergente.

Formule du binôme et ses applications.

Arrangements, permutations et combinaisons.
Développement des puissances entières et positives d'un binôme. — Terme général.
Développement de $(a + b \sqrt{-1})^m$.
Limite vers laquelle tend $\left(1 + \dfrac{1}{m}\right)^m$ quand m croît au delà de toute limite.
Sommation des piles de boulets.

Des logarithmes et de leurs usages.

En formant toutes les puissances d'un nombre quelconque positif, plus grand ou plus petit que 1, on peut reproduire tous les nombres.

Propriétés générales des logarithmes.
Lorsque des nombres sont en progression géométrique, leurs logarithmes sont en progression arithmétique.
Comment on passe d'un système de logarithmes à un autre système. — Logarithmes népériens. — Logarithmes vulgaires. — Ce qu'on appelle module d'un système de logarithmes.
Usage des logarithmes vulgaires. — Caractéristiques. — Caractéristiques négatives.
Un nombre étant donné, trouver son logarithme par le moyen des tables de Callet. Un logarithme étant donné, trouver le nombre auquel il appartient. — Usage des parties proportionnelles.
Usage de la règle à calcul.
Résolution des équations exponentielles au moyen des logarithmes.
Intérêts composés. — Annuités.

Des fonctions dérivées.

Développement d'une fonction entière $f(x)$ suivant les puissances croissantes de h, quand on remplace x par $x + h$. — Dérivée d'une fonction entière.

La dérivée d'une fonction quelconque est la limite vers laquelle tend le rapport de l'accroissement de la fonction à l'accroissement de la variable, lorsque celui-ci tend vers zéro.

Dérivée d'une fonction de fonction.

Règles pour trouver la dérivée d'une somme, d'un produit, d'une puissance, d'un quotient de fonctions dont les dérivées sont connues.

Dérivées de la fonction exponentielle et de la fonction logarithmique.

Une fonction est croissante ou décroissante, suivant que sa dérivée est positive ou négative.

Deux fonctions qui ont des dérivées égales ne peuvent différer que par une constance. — Revenir de la dérivée à la fonction primitive, dans le cas où cette opération peut se faire *immédiatement*.

Application de la théorie des dérivées au développement des fonctions $l(1 + x)$ et arc tang x en séries convergentes ordonnées suivant les puissances croissantes de x, lorsque cette variable reste comprise entre -1 et $+1$.

Calcul des logarithmes au moyen de la série qui donne le logarithme de $n + 1$, quand on connaît celui de n. — Calcul des logarithmes népériens. Valeur du module des logarithmes vulgaires. — Calcul des logarithmes vulgaires.

Calcul du rapport de la circonférence au diamètre d'après la série arc tang x [1].

Théorie des équations.

Comment varie une fonction entière $f(x)$ quand x varie d'une manière continue entre $-\infty$ et $+\infty$.

Lorsque deux nombres a et b, substitués dans une fonction entière $f(x)$, donnent des résultats de signes contraires, l'équation $f(x) = 0$ a au moins une racine réelle comprise entre a et b. Toute fonction $f(x)$ qui reste continue pour toutes les valeurs de x comprises entre a et b jouit de cette propriété.

Une équation algébrique de degré impair a au moins une racine

1. Partir, par exemple, de l'une des formules $\frac{\pi}{4} = $ arc tang $\frac{1}{2} + $ arc tang $\frac{1}{3}$; $\frac{\pi}{4} = 2$ arc tang $\frac{1}{3} + $ arc tang $\frac{1}{7}$; $\frac{\pi}{4} = $ arc tang $\frac{1}{5} - $ arc tang $\frac{1}{239}$; auxquelles conduit aisément le procédé de Machin, rapporté par M. Lacroix dans l'introduction du *Traité des calculs différentiel et intégral.*

Pour exercer les élèves aux calculs des séries, on leur fera déterminer les logarithmes vulgaires des nombres, depuis 1 jusqu'à 10, depuis 101 jusqu'à 110 et depuis 10001 jusqu'à 10010. On devra aussi leur faire exécuter le calcul du nombre.

réelle. — Une équation algébrique de degré pair, dont le dernier terme est négatif, a au moins deux racines réelles.

Toute équation algébrique $f(x) = 0$, à coefficients réels ou imaginaires de la forme $a + b\sqrt{-1}$, a une racine réelle ou imaginaire de la même forme. (On admettra ce théorème sans démonstration.)

Si a est racine d'une équation algébrique, le premier membre est divisible par $x - a$. Une équation algébrique du degré m a toujours m racines réelles ou imaginaires, et elle ne peut en avoir davantage. — Décomposition du premier membre en facteurs du premier degré. — Relations entre les coefficients d'une équation algébrique et les racines.

Lorsqu'une équation algébrique, dont les coefficients sont réels, a une racine imaginaire $a + b\sqrt{-1}$, elle a aussi pour racine l'expression conjuguée $a - b\sqrt{-1}$.

Dans une équation algébrique, complète ou incomplète, le nombre des racines positives ne peut surpasser le nombre des variations; conséquence relative au nombre des racines négatives.

Recherche du produit des facteurs du premier degré communs à deux fonctions entières de x. — Recherche des racines communes à deux équations dont les premiers membres sont des fonctions entières de l'inconnue.

Comment on reconnaît qu'une équation algébrique a des racines égales, et comment alors on ramène sa résolution à celle d'autres équations de degré moindre dont les racines sont inégales.

Recherche des racines commensurables d'une équation algébrique à coefficients commensurables.

Des différences.

Différences des divers ordres.

Étant donnés $m + 1$ nombres $u_0, u_1, u_2, \ldots u$, trouver$_m$: 1° l'expression du terme général u_n en fonction du premier terme u_0 et de ses différences successives; 2° l'expression de $\Delta^n u_0$ en fonction des nombres proposés.

La différence de l'ordre m d'une fonction entière du degré m est constante, si la différence de la variable est elle-même constante.

Connaissant les résultats de la substitution m, nombres entiers consécutifs dans une fonction entière du degré m, on obtient facilement, au moyen des différences, les résultats de la substitution de tous les autres nombres entiers positifs ou négatifs. — Application au cas d'une fonction entière du troisième degré dont on connaît les valeurs correspondantes aux valeurs $- 1, 0, + 1$, de la variable.

Formules d'interpolation. — Application de la méthode d'interpolation de Newton à la représentation exacte d'une fonction entière $f(x)$ du degré m dont on connaît les valeurs $u_0, u_1, u_2, \ldots u_m$ correspondantes aux valeurs de $x, x_0, x_0 + h, x_0 + 2h, \ldots x_0 + mh$.

— Si la différence h et les quantités u_0, Δu_0, $\Delta^0 u_0$,... $\Delta^m u_0$ sont positives $x_0 + (m-1)\, h$ est une limite supérieure des racines positives de l'équation $f(x) = 0$.

Application de la théorie des différences à la résolution numérique des équations.

Séparation des racines d'une équation algébrique par la substitution de différents nombres à l'inconnue. — Étude spéciale des cas d'une équation du troisième degré. Substitution de nombres entiers par le moyen des différences. Substitution de nombres entiers équidistants d'*un dixième* entre deux nombres entiers consécutifs ; de nombres équidistants d'*un centième* entre deux nombres consécutifs de dixièmes, etc., soit pour séparer les racines, soit pour en approcher. Ces dernières substitutions s'effectuent au moyen de nouvelles différences, déduites des premières. — Usage des constructions graphiques dans l'application de la méthode précédente.

Recherche des racines d'une équation transcendante. Lorsqu'on a substitué des nombres équidistants et assez voisins pour que les différences des résultats puissent être considérées comme égales entre elles à partir d'un certain ordre, on continue l'opération comme s'il s'agissait d'une équation algébrique.

Ayant obtenu, avec un certain degré d'approximation, une racine d'une équation algébrique ou transcendante, en approcher davantage par la méthode de Newton[1]. — Usage des constructions graphiques pour l'application de cette méthode.

Décomposition des fractions rationnelles en fractions simples.

Toute fraction rationnelle $\dfrac{F(x)}{f(x)}$ est décomposable en une partie entière et en diverses fractions simples. — La décomposition ne peut se faire que d'une seule manière. — Moyens de l'effectuer quand on connaît les facteurs binômes qui divisent le dénominateur $f(x)$.

4° TRIGONOMÉTRIE.

ENSEIGNEMENT ÉLÉMENTAIRE.

Trigonométrie rectiligne.

Lignes trigonométriques. On ne considère que les rapports des lignes trigonométriques au rayon.

---

[1]. Les élèves exécuteront le calcul d'une racine incommensurable d'une équation numérique du troisième degré ou d'une équation transcendante.

Relations entre les lignes trigonométriques d'un même angle. — Expressions du sinus et du cosinus en fonction de la tangente.

Connaissant les sinus et les cosinus de deux arcs, trouver le sinus et le cosinus de leur somme et de leur différence. — Trouver la tangente de la somme ou de la différence de deux arcs, quand on connaît les tangentes de ces deux arcs.

Expressions de $\sin 2a$, $\cos 2a$ et $\tan 2a$. — Connaissant $\cos a$, calculer $\sin \frac{1}{2}a$ et $\cos \frac{1}{2}a$.

Rendre calculable par logarithmes la somme de deux lignes trigonométriques, sinus ou cosinus.

Notions sur la construction des tables trigonométriques.

Usage des tables.

Résolution des triangles. — Relations entre les angles et les côtés d'un triangle rectangle ou d'un triangle quelconque.

Résolution des triangles rectangles.

Connaissant un côté et deux angles d'un triangle quelconque, trouver les autres parties, ainsi que la surface du triangle.

Connaissant deux côtés, avec l'angle compris, trouver les autres parties, ainsi que la surface du triangle.

Connaissant les trois côtés, trouver les angles et la surface du triangle.

ENSEIGNEMENT COMPLÉMENTAIRE.

Complément de trigonométrie rectiligne.

Valeurs des sinus et cosinus des arcs $\frac{\pi}{3}$, $\frac{\pi}{6}$ ...; $\frac{\pi}{5}$, $\frac{\pi}{10}$ ... Le côté du décagone régulier inscrit dans la circonférence est égal à la plus grande partie du rayon *divisé en moyenne et en extrême raison*. — Construction géométrique. — Inscription du polygone régulier de 15 côtés.

Calculer $\tan \frac{1}{2}a$ quand $\tan a$ est donnée.

Équation du troisième degré que l'on obtient en cherchant $\sin \frac{1}{3}a$ quand $\sin a$ est donné, ou $\cos \frac{1}{3}a$ quand $\cos a$ est donné, ou $\tan \frac{1}{3}a$ quand $\tan a$ est donnée. Examen des racines de cette équation.

Résolution des équations numériques du deuxième et du troisième degré, par le moyen des tables trigonométriques.

Trigonométrie sphérique.

Formules générales.

Relations fondamentales entre les côtés et les angles d'un triangle sphérique.

$$\cos a = \cos b \cos c + \sin b \sin c \cos A, \text{ etc.}$$

On en déduit, par la voie de l'élimination,

$$\sin A : \sin B = \sin a : \sin b ; \cot a \sin b - \cot A \sin C = \cos b \cos C,$$

et, par la considération du triangle supplémentaire,

$$\cos A = -\cos B \cos C + \sin B \sin C \cos a.$$

Formules relatives aux triangles rectangles.

$$\cos a = \cos b \cos c ; \sin b = \sin a \sin B ; \tan c = \tan a \cos B ;$$
$$\tan b = \sin c \tan B.$$

Dans un triangle rectangle, les trois côtés sont moindres que 90°, ou bien deux des côtés sont plus grands que 90°, et le troisième est moindre. Un angle et le côté opposé sont tous deux moindres que 90°, ou tous deux plus grands.

Résolution des triangles.

Cas des triangles rectangles.

Cas des triangles obliquangles : — 1° On donne les trois côtés a, b, c, ou les trois angles A, B, C. Formules calculables par logarithmes, donnant les valeurs de $\tan \frac{1}{2} a$ et $\tan \frac{1}{2} A$. — 2° On donne deux côtés et l'angle compris, ou deux angles et le côté compris. Formules de Delambre et de Nepert. — 3° On donne deux côtés et un angle opposé à l'un d'eux, ou deux angles et un côté opposé à l'un d'eux. Usage d'un angle auxiliaire pour rendre les formules calculables par logarithmes.

Application.

Connaissant les latitudes et les longitudes de deux points du globe, trouver la distance de ces points.

Application de la géométrie et de la trigonométrie au levé des plans.

Révision.

Enseignement ou révision des matières comprises au programme XLI, p. 47.

Complément.

Mesure des bases au moyen des règles [1].

Mesure des angles. — Description et emploi du cercle. — Usage de la lunette pour rendre la ligne de visée plus précise. — Division du cercle. — Verniers [2].

---

1. On enseignera aux élèves à mesurer une base avec précision, au moyen des règles.

2. Le *graphomètre* suffit quand on ne peut recourir, pour comparer les résultats, qu'à des procédés graphiques ; mais, dès qu'on veut appliquer à cet objet les méthodes rigoureuses que fournit la trigonométrie, il est nécessaire de donner à la mesure des angles toute la précision possible.

Mesure et calcul d'un réseau de triangles. — Réduction des angles aux centres des stations [1].

Réduction à l'horizon d'une base mesurée avec la chaîne sur un terrain incliné. — Réduction des angles à l'horizon, dans le cas où cette réduction n'est pas faite par l'instrument lui-même.

Usages de la planchette et de la boussole pour le levé des détails [2].

5° GÉOMÉTRIE ANALYTIQUE.

ENSEIGNEMENT COMPLÉMENTAIRE.

Géométrie à deux dimensions.

Des équations et des formules de la géométrie.

Loi de l'homogénéité. — Construction des expressions algébriques.

Des coordonnées rectilignes.

Détermination d'un point sur un plan par le moyen de ses coordonnées rectilignes.

Représentation des lieux géométriques par des équations.

Transformation des coordonnées rectilignes.

Des équations du premier et du deuxième degré à deux variables.

Construction des équations du premier degré. — Problèmes sur la ligne droite. — Équation du cercle.

Construction des équations du second degré. — Division en trois genres des courbes qu'elles représentent.

Du centre, des diamètres et des axes dans les courbes du second degré.

Réduction de l'équation du second degré à la forme la plus simple, par le changement des coordonnées [3].

Des tangentes et des asymptotes.

Le coefficient d'inclinaison, sur l'axe des abscisses, de la tangente à une courbe, est égal à la dérivée de l'ordonnée par rapport à l'abscisse.

Recherche des asymptotes des courbes. — Application aux courbes du second degré.

---

1. On insistera sur la marche à suivre dans le calcul, et l'on en donnera un exemple aux élèves.

2. Tous les instruments mentionnés dans la partie du programme relative au levé des plans devront être mis entre les mains des élèves.

3. Les élèves appliqueront ces réductions à une équation numérique du second degré et détermineront la situation des nouveaux axes par rapport aux anciens, au moyen des tables trigonométriques.

De l'ellipse.

Équation de l'ellipse rapportée à son centre et à ses axes. — Les carrés des ordonnées perpendiculaires à l'un des axes sont entre eux comme les produits des segments correspondants formés sur cet axe.

Les ordonnées perpendiculaires au grand axe sont aux ordonnées correspondantes du cercle décrit sur cet axe, comme diamètre, dans le rapport constant du petit axe au grand. — Construction de la courbe par points, au moyen de cette propriété.

Foyers, excentricité de l'ellipse. — La somme des rayons vecteurs menés à un point quelconque de l'ellipse est constante et égale au grand axe. — Description de l'ellipse au moyen de cette propriété.

Directrices. — Les distances de chaque point de l'ellipse à l'un des foyers et à la directrice voisine de ce foyer sont entre elles comme la distance des foyers est au grand axe.

Équations de la tangente et de la normale en un point de l'ellipse. — Le point où la tangente rencontre un des axes prolongés est indépendant de la grandeur de l'autre axe. — Construction de la tangente en un point de l'ellipse, au moyen de cette propriété.

Les rayons vecteurs, menés des foyers à un point de l'ellipse, font avec la tangente en ce point, et d'un même côté de cette ligne, des angles égaux. — La normale divise en deux parties égales l'angle des rayons vecteurs. Cette propriété peut servir à mener une tangente à l'ellipse par un point pris sur la courbe ou par un point extérieur.

Diamètres. — Les cordes qu'un diamètre divise en parties égales sont parallèles à la tangente menée par l'extrémité de ce diamètre. — Cordes supplémentaires. On peut, au moyen des cordes supplémentaires, mener une tangente à l'ellipse par un point donné sur la courbe ou parallèlement à une droite donnée.

Diamètres conjugués. — Deux diamètres conjugués sont toujours parallèles à deux cordes supplémentaires, et réciproquement. — Limite de l'angle de deux diamètres conjugués. — Il y a toujours dans une ellipse deux diamètres conjugués égaux entre eux. — La somme des carrés de deux diamètres conjugués est constante. — L'aire du parallélogramme construit sur deux diamètres conjugués est constante.—Construire une ellipse, connaissant deux diamètres conjugués et l'angle qu'ils font entre eux.

Expression de l'aire de l'ellipse en fonction des longueurs de ses axes.

De l'hyperbole.

Équation de l'hyperbole rapportée à son centre et à ses axes.— Rapport des carrés des ordonnées perpendiculaires à l'axe transverse.

Foyers et directrices ; tangente et normale ; diamètres ; diamètres conjugués et cordes supplémentaires. Ce qu'on nomme longueur d'un diamètre qui ne rencontre pas l'hyperbole. — Les propriétés de ces points et de ces lignes sont analogues dans l'hyperbole et dans l'ellipse.

Asymptotes de l'hyperbole. — Les asymptotes coïncident avec les diagonales du parallélogramme formé sur deux diamètres conjugués quelconques. — Les portions d'une sécante ou d'une tangente comprises entre l'hyperbole et ses asymptotes sont égales entre elles. — Application à la construction de la tangente.

Le rectangle des parties d'une sécante comprises entre un point de la courbe et les asymptotes est égal au carré de la moitié du diamètre auquel la sécante est parallèle.

Forme de l'équation de l'hyperbole rapportée à ses asymptotes.

De la parabole.

Équation de la parabole rapportée à son axe et à la tangente au sommet. — Rapport des carrés des ordonnées perpendiculaires à l'axe.

Foyer et directrice de la parabole. — Chacun des points de la courbe est également éloigné du foyer et de la directrice. — Construction de la parabole.

La parabole peut être considérée comme la limite d'une ellipse dans laquelle le grand axe augmente indéfiniment, tandis que la distance du foyer au sommet voisin reste constante.

Tangente et normale. — Sous-tangente et sous-normale. Elles fournissent des moyens de mener la tangente en un point de la courbe.

La tangente fait des angles égaux avec l'axe et avec le rayon vecteur mené au point de contact. — Mener, au moyen de cette propriété, une tangente à la parabole : 1° par un point situé sur la courbe ; 2° par un point extérieur.

Diamètres. — Les cordes qu'un diamètre divise en deux parties égales sont parallèles à la tangente menée à l'extrémité de ce diamètre.

Expression de l'aire d'un segment parabolique.

Des coordonnées polaires.

Passer d'un système de coordonnées rectangulaires à un système de coordonnées polaires, et réciproquement.

Équations des trois courbes du second degré en coordonnées polaires, le pôle étant situé à un foyer et les angles étant comptés à partir de l'axe qui passe par ce foyer.

Des lignes courbes en général.

Discussion de quelques courbes algébriques et transcendantes.

— Détermination de la tangente en un de leurs points. — Asymptotes des branches infinies [1].

Construction des racines réelles des équations de forme quelconque à une inconnue.

Intersection de deux courbes du second degré.

Du nombre de conditions nécessaires pour la détermination d'une courbe du second degré.

Calculer les coordonnées des points communs à deux courbes du second degré. — Étant données les équations de deux courbes du second degré, trouver l'équation générale des courbes du second degré qui passent par les quatre points d'intersection des deux premières. Disposer de l'indéterminée que renferme cette équation, de manière qu'elle puisse se décomposer en deux facteurs du premier degré.

Des sections coniques et cylindriques.

Étude des sections planes du cône et du cylindre droit à base circulaire. — Section antiparallèle du cône et du cylindre oblique à base circulaire.

Géométrie à trois dimensions.

Théorie des projections.

La somme des projections de plusieurs droites consécutives sur un axe est égale à la projection de la ligne résultante. — La somme des carrés des projections d'une droite sur trois axes rectangulaires est égale au carré de cette droite. — La somme des carrés des cosinus des angles qu'une droite fait avec trois droites rectangulaires est égale à l'unité.

La projection d'une aire plane sur un plan est égale au produit de cette aire par le cosinus de l'angle des deux plans.

Des coordonnées rectilignes.

Représentation d'un point par ses coordonnées. — Équation des lignes et des surfaces.

Transformation des coordonnées rectilignes.

De la ligne droite et du plan.

Équations de la ligne droite. — Équation du plan. — Toute équation du premier degré à trois variables représente un plan.

Trouver les équations d'une droite, 1° qui passe par deux points

---

1. On consacrera trois ou quatre leçons à la recherche de quelques lieux géométriques.

donnés; 2° qui passe par un point donné et qui soit parallèle à une ligne donnée.

Déterminer le point d'intersection de deux droites dont on connaît les équations.

Faire passer un plan, 1° par trois points donnés ; 2° par un point donné, parallèlement à un plan donné; 3° par un point et par une droite donnés.

Connaissant les équations de deux plans, trouver les projections de leur intersection.

Mener, par un point donné, une perpendiculaire à une droite donnée; déterminer le pied et la grandeur de cette perpendiculaire (coordonnées rectangulaires).

Connaissant les équations d'une droite, déterminer les angles de cette droite avec les axes des coordonnées (coordonnées rectangulaires).

Trouver l'intersection d'une droite et d'un plan dont on connaît les équations.

Connaissant les coordonnées de deux points, trouver leur distance.

D'un point donné abaisser une perpendiculaire sur un plan ; trouver le pied et la grandeur de la perpendiculaire (coordonnées rectangulaires).

Mener, par un point donné, un plan perpendiculaire à une droite donnée (coordonnées rectangulaires).

Trouver l'angle de deux droites dont on connaît les équations (coordonnées rectangulaires).

Connaissant l'équation d'un plan, trouver les angles qu'il fait avec les plans coordonnés (coordonnées rectangulaires).

Déterminer l'angle de deux plans (coordonnées rectangulaires).

Trouver l'angle d'une droite et d'un plan (coordonnées rectangulaires).

Surfaces du second degré.

Elles se divisent en deux classes : les unes ont un centre, les autres n'en ont pas. Coordonnées du centre.

Des plans diamétraux.

Simplification de l'équation générale du second degré par la transformation des coordonnées.

Équations les plus simples de l'ellipsoïde, des hyperboloïdes à une et à deux nappes, des paraboloïdes elliptique et hyperbolique, des cônes et des cylindres du second degré.

Nature des sections planes des surfaces du second degré.

Cône asymptote d'un hyperboloïde.

Sections rectilignes de l'hyperboloïde à une nappe. — On peut, sur la surface de l'hyperboloïde à une nappe, tracer deux droites par chacun de ses points ; d'où résultent deux systèmes de génératrices rectilignes de l'hyperboloïde.—Deux droites prises dans un même système ne se rencontrent pas, et deux droites de systèmes différents se rencontrent toujours. — Toutes les droites situées sur l'hyperboloïde étant transportées au centre, parallèlement à elles-mêmes, s'appliquent exactement sur le cône asymptote. — Trois droites d'un même système ne sont jamais parallèles à un même plan. — L'hyperboloïde à une nappe peut être engendrée par une droite qui se meut en s'appuyant sur trois droites fixes, non parallèles à un même plan; et, réciproquement, lorsqu'une ligne droite glisse sur trois droites fixes, non parallèles à un même plan, elle engendre une hyperboloïde à une nappe.

Sections rectilignes de la paraboloïde hyperbolique. — On peut, sur la surface de la paraboloïde hyperbolique, tracer deux droites par chacun de ses points ; d'où résulte la génération de la paraboloïde par deux systèmes de droites. — Deux droites d'un même système ne se rencontrent pas, mais deux droites de systèmes différents se rencontrent toujours. — Toutes les droites d'un même système sont parallèles à un même plan. — La paraboloïde hyperbolique peut être engendrée par le mouvement d'une droite qui glisse sur deux droites fixes, parallèles à un même plan; ou bien par une droite qui glisse sur deux droites fixes, en restant toujours parallèle à un plan donné. Réciproquement, toute surface résultant de l'un de ces deux modes de génération est une paraboloïde hyperbolique.

Discussion d'une équation numérique du second degré à trois variables.

Des surfaces coniques et cylindriques.

Trouver l'équation générale des surfaces coniques et des surfaces cylindriques.

6° GÉOMÉTRIE DESCRIPTIVE.

ENSEIGNEMENT COMPLÉMENTAIRE.

Problèmes relatifs au point, à la droite et au plan.

Par un point donné dans l'espace, mener une droite parallèle à une droite donnée, et trouver la grandeur d'une partie de cette droite.

Par un point donné, mener un plan parallèle à un plan donné.

Construire le plan qui passe par trois points donnés dans l'espace.

Deux plans étant donnés, trouver les projections de leur intersection.

Une droite et un plan étant donnés, trouver les projections du point où la droite rencontre le plan.

Par un point donné, mener une perpendiculaire à un plan donné, et construire les projections du point de rencontre de la droite et du plan.

Par un point donné, mener une droite perpendiculaire à une droite donnée, et construire les projections du point de rencontre des deux droites.

Changement des plans de projection.

Un plan étant donné, trouver les angles qu'il forme avec les plans de projection.

Deux plans étant donnés, construire l'angle qu'ils forment entre eux.

Deux droites qui se coupent étant données, construire l'angle qu'elles font entre elles.

Contruire l'angle formé par une droite et par un plan donnés de position dans l'espace.

Problèmes relatifs aux plans tangents.

Mener un plan tangent à une surface cylindrique ou à une surface conique, 1º par un point pris sur la surface; 2º par un point pris hors de la surface; 3º parallèlement à une droite donnée.

Par un point pris sur une surface de révolution, dont on connaît le méridien, mener un plan tangent à cette surface.

Problèmes relatifs aux intersections de surfaces.

Construire la section faite, sur la surface d'un cylindre droit et vertical, par un plan perpendiculaire à l'un des plans de projection. — Mener la tangente à la courbe d'intersection. — Faire le développement de la surface cylindrique, et y rapporter la courbe d'intersection, ainsi que la tangente.

Construire l'intersection d'un cône droit par un plan perpendiculaire à l'un des plans de projection. — Développement et tangente.

Construire la section droite d'un cylindre oblique. (Pour simplifier les constructions on emploiera la méthode du changement des plans de projection.) — Mener la tangente à la courbe d'intersection. — Faire le développement de la surface cylindrique, et y rapporter la courbe qui servait de base, ainsi que ses tangentes.

Construire l'intersection d'une surface de révolution par un plan et les tangentes à la courbe d'intersection. — Résoudre cette question, lorsque la ligne génératrice est une droite qui ne rencontre pas l'axe.

Construire l'intersection de deux surfaces cylindriques et les tangentes à cette courbe.

Construire l'intersection de deux cônes obliques et les tangentes à cette courbe.

Construire l'intersection de deux surfaces de révolution dont les axes se rencontrent.

7° PHYSIQUE.

ENSEIGNEMENT COMPLÉMENTAIRE.

Propriétés générales des corps. — Hydrostatique. — Hydrodynamique.

Préliminaires.

But de la physique.— Phénomènes.— Lois physiques. Les expériences sont destinées à les faire ressortir des phénomènes. — Théories physiques. — Caractère différent des méthodes expérimentales et des méthodes mathématiques.

Propriétés générales des corps.

Étendue. — Mesure des longueurs.—Mètre. — Vernier. — Cathétomètre. — Comparateur. — Vis micrométrique, sphéromètre. — Machine à diviser.

Divisibilité, porosité. — Idées généralement admises sur la constitution moléculaire des corps. — Ces conceptions purement hypothétiques ne doivent pas être confondues avec les lois physiques. — Élasticité.

Mobilité. — Inertie. — Forces. — Leur équilibre; leur action mécanique; leur évaluation numérique.

Pesanteur.

Direction de la pesanteur. — Fil à plomb. — Relation entre la direction de la pesanteur et la surface des eaux tranquilles.

Poids. — Centre de gravité.

Étude expérimentale du mouvement produit par la pesanteur.— Influence perturbatrice de l'air. — Plan incliné de Galilée. — Machine d'Atwood. Démontrer par l'expérience, 1° la loi des espaces parcourus; 2° la loi des vitesses.— Appareil de M. Morin. Démonstration de la loi des espaces et des vitesses.

Loi de l'indépendance de l'effet produit par une force sur un corps et du mouvement antérieurement acquis de ce corps. — Loi de l'indépendance des effets des forces qui agissent simultanément sur un même corps. — Démonstration expérimentale et généralisation de ces lois. — Loi de l'égalité de l'action et de la réaction.

Masse. — Accélération. — À égalité de masse, les forces sont entre elles comme les accélérations qu'elles produisent.— Relation entre une force, la masse du corps sur lequel elle agit, et l'accélération qui résulte de cette action. — Choc des corps.

Lois générales du mouvement uniformément varié.— Formules.

Pendule. — Loi de l'isochronisme des petites oscillations et loi des longueurs, déduites de l'observation. — Méthode des coïncidences. — Emploi du pendule pour la mesure du temps. — Pendule simple. — Formule. — Pendule composé. Les lois des oscillations d'un pendule composé sont identiques aux lois des oscillations d'un pendule simple dont le calcul détermine la longueur. — Détermination, au moyen du pendule, de l'accélération produite par la pesanteur. — Cette accélération est indépendante de la nature des corps.

Remarquer que les formules du mouvement oscillatoire s'appliquent à la comparaison des forces de toute nature qu'on peut regarder comme constantes et parallèles à elles-mêmes dans toutes les positions du corps oscillant.

Identité de la pesanteur et de l'attraction universelle.

Balance. — Conditions de son établissement. — Sensibilité.— Si le point de suspension du fléau et les points d'attache des plateaux étaient exactement en ligne droite, la sensibilité serait indépendante des poids qui chargeraient les plateaux. — Méthode des doubles pesées. — Détails des précautions nécessaires pour obtenir une pesée exacte.

Définition de la densité. — La densité est le rapport du poids d'un corps à son volume.

Hydrostatique et hydrodynamique.

Distinction des divers états des corps.

Principe de Pascal : dans l'intérieur d'un liquide, la pression exercée sur un élément de surface est normale à l'élément et indépendante de sa direction.— La démonstration de ce principe résulte de la vérification expérimentale de ses conséquences. — Principe de l'égale transmission des pressions : si l'on exerce une pression sur une portion plane, égale à l'unité, de la surface d'un liquide, l'effort transmis sur une surface plane quelconque, prise à l'intérieur du liquide ou sur les parois, est égal à la pression exercée, multipliée par l'étendue de cette surface. — Vérification de ce principe au moyen de la presse hydraulique.

Application des principes précédents aux liquides pesants. — Direction de la surface libre. — Pressions intérieures; surfaces de niveau. — Pressions sur les parois, en particulier sur le fond des vases; paradoxe hydrostatique.— Appareil de Haldat; expériences diverses.

Principe d'Archimède. - - Vérification expérimentale; démonstration théorique déduite des principes précédents. — Corps flottants (on ne considérera pas les conditions de stabilité de l'équilibre).

Liquides superposés.

Vases communiquants. — Niveau d'eau. — Niveau à bulle d'air: son usage dans les instruments.

Densité des solides et des liquides. — Balance hydrostatique.— Aréomètres.

Compressibilité des liquides.—Indiquer les appareils propres à la constater. — Faire comprendre la nécessité d'une correction due à la compressibilité de l'enveloppe solide.

Propriété commune aux liquides et aux gaz. — Principe de l'égalité de pression en tous sens. — Principe de l'égale transmission des pressions. — Pesanteur des gaz. — Pressions dues à la pesanteur. — Principe d'Archimède ; poids des corps dans l'air et dans le vide ; aérostats.

Liquides et gaz superposés. — Extension du principe des vases communiquants. Application au baromètre.

Construction détaillée du baromètre.—Baromètre de Fortin, de Gay-Lussac, de Bunten. — Indiquer la nécessité des corrections usitées.

Loi de Mariotte. — Expériences de M. Regnault.

Manomètre à air libre. — Manomètre à air comprimé. — Manomètre de M. Bourdon.

Loi du mélange des gaz.

Machine pneumatique. — Degré de vide. — Machine de compression.

Principe de Torricelli. — Siphon. — Vase de Mariotte. — Fontaine de Héron. — Fontaine intermittente.

Capillarité.

Cohésion des liquides. — Adhérence des liquides aux solides. — Lois expérimentales des phénomènes capillaires.

Électricité statique.

Phénomènes généraux. — Distinction des corps conducteurs et des corps non conducteurs. — Distinction des deux espèces d'électricité. — Séparation des deux électricités par le frottement. — Hypothèse des fluides électriques.

Démonstration des lois de l'attraction et de la répulsion des fluides électriques. — Expériences de Coulomb.

Déperdition de l'électricité. — Influence de l'air. — Influence des supports isolants ; de l'humidité condensée à la surface des supports.

Étude expérimentale de la distribution de l'électricité à la surface des corps. — Méthode du plan d'épreuve. — Propriété des pointes.

Électrisation par influence. - Cas où le corps soumis à l'influence est déjà électrisé. — Étincelles. — Pouvoir des pointes.

Électrisation par influence précédant le mouvement des corps légers. — Électroscopes.

Machines électriques de Van Marum, de Nairn, d'Armstrong.

Condensateur à lame d'air. — Accumulation d'électricité sur la surface de cet appareil. — Bouteille de Leyde. — Batteries. — Décharges électriques. — Effets principaux.

Électroscope condensateur. — Électrophore.

Électricité atmosphérique. — Phénomènes observés par un ciel serein. — Électricité des nuages. — Orages. — Éclair. — Tonnerre. — Effets de la foudre. — Choc en retour. — Paratonnerre.

Indication des sources diverses d'électricité statique.

Magnétisme.

Aimants naturels. — Action sur le fer et sur l'acier. — Aimants artificiels. — L'action attractive parait concentrée vers les extrémités des barreaux. — Première idée des pôles.

Direction d'un barreau aimanté sous l'action de la terre.—Action réciproque des pôles de deux aimants. — Dénomination des pôles.

Phénomènes d'influence. — Action d'un aimant sur un barreau de fer doux. — Action sur un barreau d'acier. — Force coercitive. — Effets de la rupture d'un barreau aimanté. — Idées théoriques sur la constitution des aimants. — Définition précise des pôles.

Action de la terre. — Elle se réduit à un couple. — On peut la détruire sensiblement par l'action d'un aimant convenablement placé. — Définition de la déclinaison, de l'inclinaison, du méridien magnétique.

Lois des attractions et des répulsions magnétiques déterminées par la méthode des oscillations.

Procédés d'aimantation. —Armatures. — Points conséquents.— Influence de la trempe, de l'écrouissage, de la chaleur. — Aimantation par l'action de la terre.

Liste des métaux magnétiques.

8° CHIMIE.

ENSEIGNEMENT COMPLÉMENTAIRE.

Préliminaires.

Idée générale des phénomènes dont la chimie s'occupe. — Distinction des corps en corps simples et en corps composés. — Divisibilité de la matière. — Différents états des corps. Force d'agrégation et de cohésion. Affinité chimique. — Loi des proportions multiples. — Caractères physiques et organoleptiques qui servent à spécifier les corps. — Cristallisation des corps. — Circonstances dans lesquelles les corps prennent la forme cristalline.

Règles de la nomenclature chimique. Anomalies qu'elles présentent aujourd'hui : notions et formules chimiques. — Division des corps simples en métalloïdes et en métaux.

Oxygène.

Divers modes de préparation. — Appareil pour recueillir les

gaz; gazomètres. — Définition de la densité d'un gaz. — Propriétés physiques et chimiques du gaz oxygène. — Chalumeau à air, à oxygène.

Hydrogène.

Divers modes de préparation. — Propriétés physiques et chimiques de ce gaz. — Chalumeau à gaz hydrogène et oxygène. — Dessiccation du gaz.

Combinaisons de l'hydrogène avec l'oxygène. — Protoxyde d'hydrogène ou eau. — Propriétés physiques de l'eau. — Congélation. — Définition de la densité des vapeurs. — Évaporation. Vapeur d'eau dans l'atmosphère ; substances déliquescentes et efflorescentes. — Distillation : alambic et appareils divers employés dans les laboratoires. Évaporation des dissolutions salines. — Lois de la solubilité des gaz dans les liquides. Procédé à l'aide duquel on détermine la quantité de gaz dissoute dans l'eau qui a séjourné au contact de l'atmosphère.

Analyse de l'eau. — Calibrage et vérification des cloches divisées. — Eudiomètres. — Synthèse de l'eau par la méthode eudiométrique. — Première remarque sur la simplicité des rapports entre les volumes des gaz simples qui se combinent. — Synthèse de l'eau par la combustion de l'hydrogène au moyen de l'oxyde de cuivre. — Analyse de l'eau par la pile. — Manières diverses d'exprimer la composition de l'eau. — Première notion des équivalents chimiques et des poids atomiques.

Bioxyde d'hydrogène ou eau oxygénée. Mode de préparation. — Propriétés physiques et chimiques. Actions de présence ou catalytiques. — Analyse du bioxyde d'hydrogène.

Azote ou nitrogène.

Modes de préparation. — Propriétés physiques.

Air atmosphérique. — Généralités sur la constitution de l'atmosphère. — Détermination des quantités de vapeur d'eau et d'acide carbonique contenues dans l'atmosphère. — Aspirateur à écoulement constant. — Détermination de l'oxygène par les réactifs absorbants et par la combustion dans l'eudiomètre. — L'air est un mélange et non une combinaison des gaz azote et oxygène ; preuve fondée sur la loi de solubilité des gaz dans l'eau.

Combinaisons de l'azote avec l'oxygène. — Acide azotique ou nitrique. Acide azotique anhydre ; acides hydratés à proportions définies. — Propriétés chimiques de l'acide azotique à divers états de concentration. — Combinaison directe de l'azote et de l'oxygène sous l'influence de l'étincelle électrique. — Préparation de l'acide azotique dans les arts. Purification de l'acide azotique du commerce. — Analyse de l'acide azotique.

Protoxyde d'azote. Préparation. — Propriétés physiques et chi-

miques de gaz. — Son analyse par le potassium et dans l'eudiomètre.

Bioxyde d'azote. Préparation. — Propriétés chimiques. — Dissolution du deutoxyde d'azote dans l'acide azotique plus ou moins
concentré. Explication des colorations diverses que présentent ces
dissolutions. — Analyse du deutoxyde d'azote.

Acide azoteux. Circonstances dans lesquelles il se produit.

Acide hypoazotique. Préparation. Son analyse.

Récapitulation des combinaisons de l'azote avec l'oxygène. Re-
marques sur les rapports en volume et en poids suivant lesquels
l'azote et l'oxygène se combinent pour former ces composés. —
Équivalent de l'azote.

Combinaison de l'azote avec l'hydrogène ou ammoniaque. Circonstances dans lesquelles l'azote et l'hydrogène paraissent se com-
biner directement. Origine des composés ammoniacaux.—Préparation du gaz ammoniac et de sa dissolution aqueuse. Préparation dans
les arts. Propriétés physiques et chimiques du gaz ammoniac. —
Son analyse. — Combinaison directe du gaz ammoniac avec le gaz
acide chlorhydrique; remarque sur le rapport des volumes de ces
deux gaz qui se combinent; équivalent de l'ammoniaque.

Soufre.

État sous lequel on le trouve dans la nature. Extraction et purification du soufre naturel. — Propriétés physiques du soufre; dimorphisme; phénomènes curieux qu'il présente à diverses températures. — Propriétés chimiques du soufre.

Combinaisons du soufre avec l'oxygène. — Acide sulfureux. Divers modes de production de ce gaz. — Propriétés physiques et
chimiques. — Analyse du gaz acide sulfureux.—Emploi de l'acide
sulfureux pour le blanchiment de la laine et de la soie, et pour en-
lever les taches de fruits sur le linge.

Acide sulfurique. Sa formation par l'action de l'acide azotique sur
le soufre et sur l'acide sulfureux.—Acide sulfurique monohydraté.
— Précautions à prendre dans sa distillation et son mélange avec
l'eau. Analyse de l'acide sulfurique monohydraté. Divers hydrates
définis de l'acide sulfurique.—Acide sulfurique fumant de Nordhausen; sa préparation dans le Hartz. Acide sulfurique anhydre; sa formation par la combinaison directe de l'acide sulfureux et de l'oxygène, sous l'influence de la mousse de platine. Son extraction de
l'acide fumant de Nordhausen. —Préparation de l'acide sulfurique
hydraté dans les arts, par la méthode anglaise ou des chambres de
plomb. Cristaux des chambres de plomb.

Acide hyposulfurique. Circonstances dans lesquelles il se produit.

Acide hyposulfureux. Circonstances dans lesquelles il se produit.

Récapitulation des combinaisons du soufre avec l'oxygène. Détermination de l'équivalent du soufre.

Combinaison du soufre avec l'hydrogène. Acide sulfhydrique. Sa préparation. Propriétés physiques et chimiques de ce gaz. Eaux minérales sulfureuses. — Analyse du gaz acide sulfhydrique.

Bisulfure d'hydrogène. Circonstances dans lesquelles il se produit.

Sélénium, tellure.

Faire voir seulement leur analogie avec le soufre.

Chlore.

Préparation de ce gaz dans les laboratoires et dans les arts. Propriétés physiques. — Dissolution aqueuse. Hydrate défini du chlore. — Propriétés oxydantes de la dissolution aqueuse du chlore. Son emploi pour décolorer les tissus d'origine végétale.

Combinaisons du chlore avec l'oxygène.— Acide chlorique; préparation. Composition déduite de l'analyse du chlorate de potasse. — Acide perchlorique. Circonstances dans lesquelles il se produit. — Acides hypochloreux, chloreux et hypochlorique. Circonstances dans lesquelles ces composés se produisent.

Récapitulation des combinaisons du chlore avec l'oxygène. — Équivalent du chlore.

Acide chlorhydrique. — Combinaison directe du chlore avec l'hydrogène, sous l'influence de la lumière solaire. — Préparation de l'acide chlorhydrique dans les laboratoires et dans les arts. — Purification de l'acide chlorhydrique du commerce. — Analyse du gaz acide chlorhydrique.

Combinaisons du chlore avec le soufre. — Quelques mots sur ces composés.

Chlorure d'azote. — Signaler simplement les circonstances dans lesquelles il se produit et les précautions qu'il faut prendre pour éviter la formation de ce composé dangereux dans plusieurs opérations de laboratoire.

Eau régale. — Constitution chimique de l'eau régale. — Son emploi dans les laboratoires comme agent oxydant et comme agent chlorurant.

Brôme.

Faire voir son analogie complète avec le chlore.

Iode.

Extraction des eaux mères des soudes de varech. — Propriétés physiques. — Son emploi en médecine. — Quelques mots sur les combinaisons de l'iode avec l'oxygène et avec l'hydrogène.

Iodure d'azote.

Fluor.

Son existence hypothétique. Acide fluorhydrique. Préparation. Sa composition déduite de l'analyse du fluorure de calcium.— Emploi de l'acide fluorhydrique gazeux ou en dissolution, pour graver sur le verre. Manière de l'employer pour graver les échelles sur verre des instruments de physique.

Phosphore.

Propriétés physiques et chimiques. Divers états isomériques. — Précaution à prendre dans la distillation du phosphore. — Préparation du phosphore dans les arts. — Allumettes phosphoriques ou chimiques.

Combinaisons du phosphore avec l'oxygène. — Acide phosphorique. Préparation de l'acide anhydre par la combustion directe du phosphore dans l'oxygène ou dans l'air. Préparation de l'acide hydraté par l'action de l'acide azotique sur le phosphore. — Analyse de l'acide phosphorique.

Acide phosphoreux : circonstances dans lesquelles il se produit. Préparation par l'action du chlore, en présence de l'eau, sur le phosphore. — Acide hypophosphoreux et oxyde de phosphore ; circonstances dans lesquelles ces corps se produisent.

Récapitulation des combinaisons du phosphore avec l'oxygène. — Équivalent du phosphore.

Combinaisons du phosphore avec l'hydrogène.—Méthode générale pour faire l'analyse de ces corps.

Chlorure de phosphore. Combustion du phosphore dans le chlore.

Arsenic.

État sous lequel on le trouve dans la nature. Préparation.

Combinaisons de l'arsenic avec l'oxygène. — Acide arsénieux ; sa formation dans les arts par le grillage des arséniures et des arséniosulfures. États isomériques de l'acide arsénieux. — Acide arsénique. — Équivalent de l'arsenic.

Combinaison de l'arsenic avec l'hydrogène. Hydrogène arsénié.

Chlorure d'arsenic ; signaler seulement son existence et donner sa composition.

Empoisonnements par l'acide arsénieux ; caractères qui les distinguent ; contre-poisons. Recherche de l'arsenic dans les cas d'empoisonnements. Appareil de Marsh.

Bore.

Sa préparation. Propriétés chimiques.

Acide borique. État sous lequel on le trouve dans la nature. Propriétés chimiques de l'acide borique. — Son extraction des lagoni de la Toscane. — Difficultés qui se présentent dans la fixation de l'équivalent du bore.

Fluorure de bore.

Silicium.

Préparation et propriétés physiques.

Acide silicique. Son existence dans la nature. Préparation de l'acide silicique gélatineux. Composition de l'acide silicique déduite de l'analyse du chlorure de silicium. — Difficultés qui se présentent dans la fixation de l'équivalent du silicium et de la formule de l'acide silicique.

Chlorure de silicium. Fluorure de silicium et acide hydrofluosilicique.

Carbone.

États divers sous lesquels le carbone se trouve dans la nature, ou qu'il prend lorsqu'il résulte de la décomposition des diverses matières organiques. Diamant; graphite naturel ou plombagine; graphite des hauts fourneaux; charbon de houille ou coke; charbon de bois; charbon des matières organiques fusibles; noir animal; noir de fumée. Pesanteurs spécifiques variables du carbone. — Absorption des gaz et de diverses matières solubles, par le charbon poreux. Emploi du noir animal pour décolorer les liqueurs dont la coloration est due à des matières organiques. Carbonisation intérieure des tonneaux de bois destinés à conserver l'eau.

Combinaisons du carbone avec l'oxygène. — Acide carbonique. Divers modes de formation, préparation. — Propriétés physiques du gaz acide carbonique. Liquéfaction de l'acide carbonique. Appareil de Thilorier, pour préparer l'acide carbonique liquide. Emploi de l'acide carbonique liquide dans les expériences de physique qui exigent un froid considérable. — Circonstances dans lesquelles l'acide carbonique se produit dans la nature. — Solubilité de l'acide carbonique dans l'eau. Eaux gazeuses naturelles et artificielles. — Analyse de l'acide carbonique.

Oxyde de carbone; sa production dans les fourneaux à cuve. — Préparation par la réaction du charbon sur l'acide carbonique. Préparation dans les laboratoires par l'action de l'acide sulfurique concentré sur l'acide oxalique. — Propriétés physiques et chimiques du gaz oxyde de carbone. Analyse du gaz oxyde de carbone.

Acide oxalique; son existence dans les sucs acides de certains végétaux. — Préparation dans les laboratoires par l'action de l'acide azotique sur le sucre. — Analyse de l'acide oxalique. — Méthode générale d'analyse des combinaisons de carbone, d'hydrogène et d'oxygène.

Récapitulation des combinaisons du carbone avec l'oxygène. — Détermination de l'équivalent du carbone.

Quelques mots sur les combinaisons du carbone avec l'hydrogène.

Application des méthodes eudiométriques à l'analyse des carbures d'hydrogène gazeux.

Sulfure de carbone ou acide sulfo-carbonique; sa préparation dans les laboratoires et dans les arts. — Propriétés physiques et chimiques du sulfure de carbone: ses applications dans les laboratoires et dans les arts. — Analyse du sulfure de carbone. — Analogie chimique du sulfure de carbone avec l'acide carbonique.

Combinaison du carbone avec l'azote, cyanogène. Préparation. Propriétés physiques et chimiques. Analyse du cyanogène. — Acide cyanhydrique ou prussique. Préparation de l'acide anhydre et de l'acide en dissolution. Analyse de l'acide cyanhydrique.

Manipulations [1].

Première manipulation. — Cristallisation du sulfate de soude. Oxygène par le peroxyde de manganèse. — Oxygène par le chlorate de potasse. — Combustion du soufre, du phosphore, du charbon et du fer dans l'oxygène.

Deuxième manipulation. — Oxygène par le peroxyde de manganèse et l'acide sulfurique. — Hydrogène par le fer et la vapeur d'eau. — Hydrogène par le zinc et l'acide sulfurique. — Détonation d'un mélange d'hydrogène et d'oxygène dans l'eudiomètre.

Chlore sec. — Combustion du phosphore et de l'antimoine dans le chlore. — Décoloration de l'encre ordinaire, de la teinture de tournesol et du vin rouge par le chlore.

Troisième manipulation. — Azote par le phosphore. — Azote par le cuivre.

Cristallisation du soufre. — Soufre mou. — Distillation du soufre brut.

Extraction de l'iode. — Iodure d'amidon. — Recherche du brome.

Quatrième manipulation. — Décomposition de l'eau par le charbon.

Calcination des os. — Décoloration de la teinture de tournesol et du vin rouge par le charbon d'os.

Analyse de l'air par le phosphore à chaud. Analyse de l'air par l'hydrogène.

---

1. Les élèves ne doivent jamais être livrés à eux-mêmes pendant les manipulations. Celles-ci doivent toujours être précédées d'une conférence où on expose, avec tous les détails nécessaires, les procédés opératoires relatifs aux manipulations que les élèves vont effectuer. En décrivant ces opérations, le professeur les exécute, en se servant des appareils mêmes dont les élèves vont faire usage. Enfin, on expose sous leurs yeux des appareils montés d'avance qui leur indiquent toutes les dispositions qu'ils auront à observer dans l'arrangement des pièces qui les composent.

Cinquième manipulation. — Synthèse de l'eau par l'oxyde de cuivre.

Extraction de l'air de l'eau. — Son analyse.

Distillation de l'eau.

Essai des eaux par l'eau de chaux, — l'eau de savon, — le chlorure de barium, — l'azotate d'argent, — l'oxalate d'ammoniaque, — le carbonate de soude, — la teinture de campêche.

Sixième manipulation. — Décomposition du sel marin par l'acide sulfurique. — Préparation de l'acide chlorhydrique et du sulfate de soude.

Gravure sur verre par l'acide fluorhydrique. — Préparation de l'acide iodhydrique par l'iode et l'acide sulfhydrique. —Action de l'acide iodhydrique sur les sels de plomb. — Action du chlore sur l'acide iodhydrique.

Préparation du bisulfure d'hydrogène.

Septième manipulation. — Préparation du phosphure de calcium. — Préparation de l'hydrogène phosphoré.

Essai d'une dissolution d'acide arsénieux par le procédé de Marsh. — Essai d'une dissolution d'émétique par le même procédé.

Préparation du gaz des marais. — Préparation du gaz oléfiant et de la liqueur des Hollandais.

Huitième manipulation. — Préparation de l'ammoniaque en dissolution.

Décomposition de l'ammoniaque par le fer. Analyse du gaz en provenant.

Action du chlore dissous sur l'ammoniaque liquide.

Préparation du protoxyde d'azote.

Neuvième manipulation. — Préparation et étude des propriétés de l'acide azotique.

Préparation du bioxyde d'azote.

Dixième manipulation. — Préparation de l'acide sulfureux. — Préparation de l'acide sulfurique de Nordhausen.

Action de l'acide sulfureux sur le bioxyde d'azote et l'air humide.

Préparation de l'acide phosphorique.

Onzième manipulation. — Préparation et étude de l'oxyde de carbone et de l'acide carbonique.

Préparation de l'acide borique.

Coloration du borax par les oxydes métalliques.

Douzième manipulation. — Préparation des chlorures de phosphore, du chlorure de soufre, du sulfure de carbone et de l'acide fluosilicique.

9° LITTÉRATURE FRANÇAISE.

Exercices de composition française, discours, analyses littéraires.

10° LANGUES VIVANTES.

Enseignement ou révision conformément aux instructions ministérielles du 29 sept. 1863. (Voir ci-après, p. 119.)

ENSEIGNEMENT SECONDAIRE SPÉCIAL [1].

PREMIÈRE ANNÉE.

XLVII

Cours de français.

Grammaire française.

Révision de la première partie. — Éléments du langage. — Différentes espèces de mots.
Explication des signes orthographiques.
Explication et applications de la syntaxe.

Textes de lecture et de récitation.

La Fontaine. — Les cinq premiers livres des Fables
Fénelon. — Morceaux choisis de Télémaque.
Choix de morceaux tirés d'ouvrages classiques à la portée du premier âge (prose et vers. — Des livres de cette sorte, appropriés à l'âge des élèves, devraient se trouver dans chaque classe).

Dictées d'orthographe usuelle.

Exercices écrits et oraux sur les lectures faites en classe.

Observations.

Les élèves de cette première année ont dû prouver, par la manière dont ils ont subi l'examen d'entrée, qu'ils possèdent les éléments de la grammaire française. Néanmoins le professeur consacrera un petit nombre de leçons à la révision de ces éléments, et s'assurera particulièrement que tous les élèves savent conjuguer avec facilité. Il passera ensuite à l'étude de la syntaxe, qu'il simplifiera autant que possible, évitant les abstractions, négligeant les exceptions et même les règles secondaires, mais multipliant les exemples et les applications des règles principales.

---

1. Le ministre, dans une circulaire aux recteurs en date du 2 octobre 1863, a donné aux professeurs de l'enseignement spécial les directions qu'il a jugées utiles sur les différents objets d'études. (Voir cette circulaire, p. 125.)

Dans le choix des *dictées*, le professeur évitera les textes insignifiants, fabriqués exprès pour les exercices d'orthographe, et dans lesquels on affecte d'accumuler les difficultés grammaticales et les mots rares ou techniques. Ce qu'il importe surtout d'apprendre aux enfants, ce sont les règles fondamentales de la grammaire et l'orthographe usuelle. On évitera aussi de corriger les dictées en faisant épeler tous les mots, même les plus connus. L'épellation doit être réservée pour les mots dont l'orthographe présente quelque difficulté.

L'enseignement littéraire commencera dès cette année, au moins dans le second semestre. Il comprendra :

1° Des lectures, avec commentaire, de textes français. — Le professeur devra multiplier les occasions de faire lire les élèves sous sa direction. Il s'attachera, pour ces lectures, comme pour les récitations journalières, à corriger les enfants de leurs habitudes vicieuses de *prononciation* et de *débit*. Il ne manquera pas d'expliquer tous les termes dont la nature ou l'emploi pourraient échapper à leur intelligence, ni de donner, à l'occasion, les notions de mythologie, d'histoire, de biographie, etc., que les textes pourront comporter. Il doit se convaincre que la leçon n'aura été bien faite que lorsqu'il ne restera d'obscurité dans l'esprit des élèves, ni pour le sens de chaque phrase, ni pour l'*intelligence générale* du morceau.

2° Des exercices oraux et écrits sur les textes mêmes qui auront déjà été lus et commentés précédemment. Le maître en fera reproduire les idées principales ou les principaux faits, tantôt de vive voix, pour exercer ses élèves à parler, tantôt par écrit pour les exercer à écrire. Il les habituera à relever les expressions saillantes et à chercher les équivalents, afin de prouver ainsi qu'ils ont compris. Cette méthode, toute pratique, exerce à la fois la mémoire et la réflexion; elle aiguise la sagacité, et, sans supposer chez l'enfant des facultés qui ne s'éveillent que plus tard, elle l'habitue sans fatigue à se rendre compte de ce que d'autres ont pensé, et le préparent ainsi à penser par lui-même.

XLVIII

Langues vivantes.

Le ministre prescrit de se référer sur ce point à sa circulaire du 29 sept. 1863 sur les langues vivantes. (Voir cette circulaire ci-après, p. 119.)

XLIX

Histoire.

Histoire ancienne.

Fondation des premiers empires dans les fertiles vallées des grands fleuves.

Description de l'Égypte. — Principaux monuments de l'Égypte. — Sésostris. — Importance commerciale de l'Égypte dans l'antiquité.

Vallées de l'Euphrate et du Tigre. — Monuments de l'Assyrie et de la Babylonie. — Sémiramis. — Sardanapale. — Nabuchodonosor.

Médie. — Perse. — Cyrus. — Conquête de l'Égypte par Cambyse. — Empire des Perses sous Darius.

Phénicie. — Tyr. — Carthage. — Leur importance commerciale.

Histoire de la Grèce.

La guerre de Troie. — Sparte et la législation de Lycurgue. — Guerre de Messénie.

Athènes et la législation de Solon. — Pisistrate et ses fils.

Guerres médiques. — Miltiade, Thémistocle et Aristide. — Batailles de Marathon, de Salamine, de Platée et de Mycale.

Puissance d'Athènes après les guerres médiques. — Périclès, Phidias et le Parthénon. — Guerre du Péloponèse.

Alcibiade. — Expédition de Sicile. — Prise d'Athènes.

Puissance de Sparte après la guerre du Péloponèse. — Expédition du jeune Cyrus et retraite des Dix mille. — Agésilas. — Résistance de Thèbes. — Épaminondas et Pélopidas.

Puissance de la Macédoine. — Philippe et Démosthène ; soumission de la Grèce.

Alexandre. — Conquête de l'Orient.

Les royaumes formés du démembrement de l'empire macédonien tombent, pour la plupart, au pouvoir des Romains.

Histoire romaine.

Fondation de Rome. — Les rois.

Établissement de la république. — Consulat et tribunat.

Lutte entre les patriciens et les plébéiens. — Décemvirs. — Censeurs. — Admission des plébéiens au consulat et à toutes les magistratures.

Guerres des Romains contre les peuples voisins. — Les Gaulois cisalpins et Pyrrhus.

Carthage : Les trois guerres puniques. — Annibal et Scipion. — Batailles du Tessin, de la Trébie, de Trasimène, de Cannes et de Zama. — Destruction de Carthage. — Conquête de la Sicile, de l'Espagne et d'une partie de l'Afrique.

Guerres contre la Macédoine et la Syrie. — Réduction de la Macédoine, de la Grèce et de l'Asie Mineure en provinces romaines.

Soumission des Gaulois cisalpins. — Conquête de la Narbonnaise et de l'Espagne. — Les Gracques et les lois agraires.

Jugurtha. — Marius et les Cimbres. — Dictature de Sylla.

Pompée. — Mithridate. — Catilina et Cicéron. — Premier triumvirat. — Conquête de la Gaule par César.

Guerre civile. — César et Pompée. — Dictature de César. — Deuxième triumvirat. — Bataille d'Actium.

Auguste. — Étendue de l'empire romain sous son règne. — Empereurs de la famille d'Auguste. — Les Flaviens. — Les Antonins. — Trajan.

L'anarchie militaire. — Dioclétien et Constantin.

Julien et Théodose. — Exigences fiscales ; dépopulation des provinces. — Partage définitif de l'empire.

De l'organisation du travail dans la société ancienne : l'esclavage ; les arts manufacturiers sans essor ; rareté des découvertes industrielles ; l'agriculture stationnaire entre des mains serviles. — Point de classe moyenne : quelques hommes très-riches, la masse pauvre ; luxe corrupteur des uns, misère dégradante des autres.

L

Enseignement géographique.

Définition des principaux termes géographiques.

Division de la surface du globe en terre et en eau.

Division du monde en cinq parties : ce que les anciens en connaissaient.

Division de l'Océan en grandes mers. Mers intérieures. Isthmes et détroits principaux. Grandes îles du globe.

Géographie physique de l'Asie, de l'Afrique, de l'Europe, de l'Amérique et de l'Océanie.

Limites de chacune des grandes parties du monde. — Mers et golfes. — Lacs et fleuves principaux ; chaînes de montagnes ; volcans ; grandes îles ; productions.

LI

Enseignement de l'arithmétique, tenue des livres, etc.

Quatre leçons par semaine sont réservées aux premiers éléments de l'*arithmétique*, de la *géométrie* et de la *tenue des livres.*

1ᵉʳ *Semestre.*   { Éléments d'arithmétique pratique (3 leçons);
{ Éléments de géométrie pratique (1 leçon).

Ces éléments comprendront :

Pour l'arithmétique : la pratique des quatre règles sur les nombres entiers et décimaux, des notions sur le système légal des poids et mesures, de nombreux exercices sur les questions usuelles qui se rattachent à ce système ;

Pour la géométrie : les premières notions sur la ligne droite, le cercle, les angles ; l'usage de la règle, du compas, de l'équerre et du rapporteur dans les constructions sur le papier.

2ᵉ *Semestre.*   { Principes d'arithmétique ; notions sur la tenue
{   des livres et premiers exercices d'écritures
{   commerciales (3 leçons) ;
{ Principes de géométrie plane (1 leçon).

Les principes d'arithmétique comprennent :

L'exposition très-élémentaire, mais déjà raisonnée, des quatre opérations sur les nombres entiers et décimaux et sur les fractions ordinaires. On insistera sur les questions d'intérêt et d'escompte commercial, d'échéance commune, de change et de rentes. On indiquera la règle de multiplication abrégée, et on l'appliquera à des exemples.

Les principes de géométrie comprennent :

Les propriétés essentielles de la ligne droite et du cercle, d'après les huit premiers paragraphes du programme XIII de l'enseignement secondaire classique (Voir ci-dessus, p. 24). S'il reste du temps, on donnera des notions sur les rapports des grandeurs, sur les lignes proportionnelles et la similitude des figures.

En dehors du temps ordinaire des classes (c'est-à-dire dans l'intervalle de dix heures à midi), trois séances d'*une* heure chacune seront consacrées au *dessin d'imitation*, et deux séances de même durée au *dessin linéaire*. Cet enseignement comprendra la résolution à la règle et au compas des problèmes de géométrie usuels, le tracé des moulures, de l'ove, de la volute, de l'anse de panier, et des exercices de dessin d'ornement à main levée. Enfin, trois séances d'une heure seront réservées à des exercices d'*écriture*.

Les élèves externes qui acquittent les frais de l'externat surveillé, sont admis à tous ces exercices.

DEUXIEME ANNÉE.

LII

Cours de français.

Grammaire française.

Révision de la syntaxe. — Exercices grammaticaux.
Explication des termes essentiels et du mécanisme de la proposi-
tion. — Quelques exercices d'analyse logique.
De la ponctuation comme méthode d'analyse logique.
Faire connaître les principales figures de construction et les prin-
cipaux idiotismes de la langue française. Donner des exemples.

Textes de lecture et de récitation.

La Fontaine, livres VI, VII, VIII, IX et X des Fables.
Racine (morceaux choisis).
Boileau (morceaux choisis).
Buffon (morceaux choisis).
Voltaire, Charles XII (morceaux choisis).

Dictées d'orthographe usuelle.

Exercices écrits et oraux sur les lectures faites en classe.

Observations.

Concurremment avec les exercices d'analyse logique, qu'on aura
soin de ne pas trop multiplier, le professeur continuera, en obser-
vant une juste gradation, les exercices oraux ou écrits recommandés
pour la première année. Il pourra déjà laisser quelque liberté à
l'esprit de ses disciples en ne les retenant pas, pour les explications, dans les limites d'une étroite paraphrase.

LIII

Langues vivantes.

(Voir la circulaire relative à l'enseignement des langues
vivantes, p. 119.)

LIV

Histoire du moyen âge.

Invasion des Barbares. — Alaric, Genséric, Attila et Théodoric. —
Absence de toute sécurité ; ruine générale.
Les Francs et Clovis.

Justinien : Tentative de restauration de l'empire romain. — Les Lombards.

Les fils de Clovis. — Grandeur des Mérovingiens. — Dagobert.

Décadence des Mérovingiens. — Les maires du palais. — Bataille de Testry. — Pépin d'Héristal. — Charles Martel. — Pépin le Bref. — Efforts pour rétablir l'unité de commandement.

Charlemagne. — Ses guerres et ses conquêtes. — Étendue de son empire. — Ses institutions. — Unité temporaire du monde germanique.

Mahomet, le Coran et les conquêtes des Arabes. — Démembrement, décadence et chute de leur empire après un vif éclat de civilisation éphémère.

Démembrement de l'empire carlovingien. — Louis le Débonnaire. — Bataille de Fontanet. — Traité de Verdun.

Charles le Chauve. — Nouvelles invasions : Northmans, Sarrasins, Hongrois.

Démembrement de la France en grands fiefs. — Derniers rois carlovingiens et ducs de France. — Avénement des Capétiens. — Abaissement de la royauté française, mais activité et grandeur de la nation; fondation du royaume des Deux-Siciles et du royaume de Portugal. — Conquête de l'Angleterre par les Normands.

Renouvellement de l'empire de Charlemagne par les Allemands. — Othon le Grand.

La féodalité. — Chevalerie.

La querelle des investitures. — Toute-puissance de l'empereur Henri III. — Grégoire VII et Henri IV.

Les croisades d'Orient. — Fondation du royaume éphémère de Jérusalem. — Ordres militaires. — Résultats pour le commerce.

Les croisades d'Occident. — Réunion de la France du Midi à celle du Nord; fondation des royaumes espagnols. — Conquête et conversion de la Prusse et de la Livonie.

Progrès de la population urbaine et du commerce (la lettre de change). — Les communes. — Industries nouvelles; les corporations, jurandes et maîtrises transforment en monopole au profit du petit nombre l'exercice des industries. La liberté manque au travail et le défaut de concurrence en arrête l'essor. — État des campagnes : servage. La terre entre les mains de la noblesse et du clergé ne peut passer aux mains les plus aptes à en tirer parti. — Les Universités. — Astrologie. — Alchimie. — Sorciers. — Architecture ogivale.

Première période de rivalité entre la France et l'Angleterre (1066-1217). — Louis le Gros, Louis VII et Henri II (Thomas Becket); Philippe Auguste et Jean sans Terre; Bataille de Bouvines. Les rois anglais perdent la moitié de leurs fiefs français. — La grande charte des libertés anglaises.

Lutte de l'Italie et de l'Allemagne. — Les Guelfes et les Gibelins. Frédéric Barberousse et Alexandre III. — Innocent III et la qua-

trième croisade. — Venise; progrès de sa puissance maritime.
— Frédéric II et Innocent IV. — Chute de la domination allemande en Italie. Les républiques italiennes; leur commerce
maritime et leurs manufactures; premières banques et commencement du crédit. — En Allemagne, la Hanse; services qu'elle
rend à la civilisation du nord de l'Europe.
Progrès de la royauté française sous Philippe Auguste et saint
Louis. — Ascendant de la France au treizième siècle par la
sainteté de son roi, sa puissance, la renommée de ses Universités et l'influence de sa littérature.
Progrès des institutions anglaises depuis la concession de la grande
charte jusqu'à la guerre de Cent ans. — Henri III et Edouard Ier:
le Parlement.
Progrès des institutions féodales en Allemagne. — Le grand inter-
règne. — Avénement de la maison de Habsbourg. —Affranchis-
sement de la Suisse. —Ruine de l'autorité impériale.
Renouvellement en France de la lutte du sacerdoce et de l'empire.
— Différend de Philippe le Bel et de Boniface VIII. — États généraux. — Condamnation des Templiers.
Géographie politique de l'Europe en 1398. — Puissance de la
France.

LV

Enseignement géographique.

L'enseignement géographique de la deuxième année sera l'étude
des divers États européens. Le professeur commencera par une
révision de la géographie physique étudiée l'année précédente,
et fera connaître successivement, pour chacun des États, la
langue, la religion, le gouvernement, les principales villes, les
possessions hors de l'Europe, les communications internationales par canaux et chemins de fer, l'industrie, le commerce et
la force militaire.

LVI

Mathématiques appliquées et comptabilité.

Quatre leçons par semaine sont consacrées, durant toute l'année,
aux *mathématiques appliquées* et au *cours de comptabilité*. (Ce
dernier cours sera fait d'après le programme nouveau imprimé
ci-après sous le n° LXIX, p. 110.)
Dans le second semestre, une cinquième leçon est employée à l'exposition des *premiers éléments de physique*.

Mathématiques appliquées.

1° *Révision et complément d'arithmétique;* premières notions sur
l'emploi des quantités littérales, comme moyen d'abréviation et

de généralisation dans les calculs. — Exercices numériques sur les problèmes usuels. — 32 leçons d'après la 1re partie du programme X de l'enseignement secondaire classique (Voy. p. 21), réduit sous le rapport théorique et développé dans ce qui touche aux applications [1].

2° *Révision et compléments de géométrie plane.* — Exercices d'arpentage sur le terrain, d'après les programmes XIV (Voy. p. 25) et XIX (Voy. p. 28).

3° *Éléments de géométrie dans l'espace,* comprenant la ligne droite et le plan. — Exercices de levé des plans sur le terrain d'après le programme XXIV (Voy. p. 32).

Comptabilité.

32 leçons ou une classe par semaine, d'après le programme **LXIX** (Voy. ci-après p. 110).

Premières notions de physique comprenant :

Les propriétés générales des corps, des notions sur la pesanteur, l'usage de la balance, le principe d'Archimède, les aréomètres, la machine pneumatique, le baromètre, la loi de Mariotte, les pompes, la dilatation des corps par la chaleur, le thermomètre, la fusion, la solidification et la vaporisation. — 16 leçons.

L'étude du dessin linéaire comprenant, pour cette année, la construction des échelles, des notions sur les ordres d'architecture et des exercices de dessin et de lavis relatifs au levé des plans.

TROISIÈME ANNÉE.

LVII

Cours de français.

Une leçon d'une heure par semaine sera consacrée à l'exposition de notions élémentaires de littérature. Ce cours sera fait pendant le premier semestre et comprendra environ dix leçons sur les matières suivantes :

En quoi la prose diffère-t-elle de la poésie ? Règles élémentaires de la versification ; donner des exemples.

---

1. C'est dans cet esprit que tous les autres programmes de l'enseignement classique mentionnés plus loin devront être suivis. Le chiffre des leçons n'a, bien entendu, rien d'absolu. Il indique la proportion que le cours doit avoir dans l'ensemble des études de l'année ; mais le professeur conserve, sous sa responsabilité, une liberté suffisante pour donner à son enseignement la marche qui lui paraît devoir être la plus utile à ses élèves.

Des divers genres littéraires en vers ; les bien caractériser, en se servant des définitions données par nos meilleurs écrivains, notamment par Boileau (Art poétique) ; la Bruyère (Des ouvrages de l'Esprit) ; Fénelon (Lettre à l'Académie).

Du style poétique. Formes de langage particulières à la poésie.

Des principaux genres littéraires en prose, et particulièrement : de la narration, du discours (exorde, preuve, péroraison), du genre épistolaire.

Élocution : Quelles sont les qualités générales du style ? Quelles sont, parmi ces qualités, celles qui appartiennent plus particulièrement à la littérature française ?

Des principales figures du discours. Donner des exemples, empruntés surtout aux auteurs du programme.

Pendant le deuxième semestre, le professeur exposera, avec autant de citations que possible, les principales époques de l'histoire littéraire de l'antiquité, d'après le programme qui suit:

Littérature sacrée : Les Prophètes.
Littérature grecque : Épopée : Homère, l'Iliade et l'Odyssée.
Poésie lyrique : Tyrtée et Pindare.
Poésie dramatique : Eschyle, Sophocle, Euripide, Aristophane.
Ouvrages en prose, 1º histoire : Hérodote et Thucydide ; 2º éloquence : Périclès et Démosthène ; 3º philosophie : Platon et Aristote.
Ce qu'on entend par le siècle de Périclès.
Littérature latine : La poésie épique et lyrique : Virgile et Horace.
La comédie : Plaute et Térence.
L'éloquence : Cicéron.
L'histoire : César, Salluste, Tite Live, Tacite.
Le siècle d'Auguste.
Principaux écrivains de la décadence : Sénèque, Lucain, les deux Pline et Juvénal.

Textes de lecture et de récitation.

La Fontaine. — Livre XI des Fables.
Morceaux choisis du théâtre classique. — Corneille (le Cid, Cinna et Polyeucte) ; Racine (Athalie, Britannicus, Iphigénie); Molière (le Misanthrope et les Femmes savantes); Boileau (Art poétique); La Bruyère (les Caractères); Voltaire (le Siècle de Louis XIV).
Exercices de composition : Narrations, lettres, discours d'un genre simple.
Analyse littéraire de morceaux choisis dans les auteurs du programme.

Observations.

Le professeur, en faisant les deux cours de théorie et d'histoire littéraire qui sont indiqués pour cette troisième année, se souviendra que les auditeurs auxquels il s'adresse sont étrangers à la connaissance des langues de l'antiquité ; mais il ne perdra point de vue qu'il serait choquant que ces jeunes gens sortissent de nos lycées sans avoir entendu parler des plus beaux génies de la Grèce et de Rome , dont ils retrouveront partout autour d'eux les noms vivants encore dans nos arts, dans notre littérature, jusque dans la conversation , et sans avoir lu quelques pages de ces livres où nos grands écrivains sont allés chercher tant d'inspirations.

Les lectures faites en *classe* ou prescrites pour *l'étude*, seront, durant le cours de cette année, *analysées* de vive voix ou par écrit. Cet exercice , qui consiste à dégager d'un morceau de médiocre étendue d'abord l'idée dominante , puis les idées accessoires et moyennes, en dernier lieu les expressions les plus remarquables, en notant, au besoin , les défauts du style de l'auteur , contribue singulièrement à augmenter la portée de l'esprit et la justesse du goût.

LVIII

Langues vivantes.

(Voir la circulaire relative à l'enseignement des langues vivantes, p. 119.)

LIX

Histoire moderne. (Première partie.)

Avénement des Valois. — Commencement de la guerre de Cent ans. — Édouard III. — Bataille de Crécy. — Siége de Calais.

Jean et le Prince Noir. — Bataille de Poitiers. — États généraux. — La Jacquerie. — Paix de Brétigny.

Charles V et Duguesclin. — Les grandes compagnies en France et en Espagne. — Renouvellement des hostilités avec les Anglais. — Ordonnance de Charles V. — Grand schisme d'Occident.

Charles VI et Richard II. — Troubles en France et en Angleterre. — Avénement des Lancastre. — Assassinat du duc d'Orléans.

Les Armagnacs et les Bourguignons. — Henri V. — Bataille d'Azincourt. — Traité de Troyes.

Henri VI et Charles VII. — Jeanne d'Arc. — Traité d'Arras. — La Praguerie. — Fin de la guerre de Cent ans.

Allemagne. — La bulle d'or. — Guerre des Hussites. — Fin du grand schisme d'Occident. — Maison d'Autriche : Maximilien. — Les Turcs en Europe. — Bajazet Ier et Tamerlan. — Mahomet II. — Prise de Constantinople.

Progrès de la royauté en Europe. — En France : Institutions de Charles VII (armée permanente et impôt perpétuel), progrès de l'ordre et du commerce, Jacques Cœur. — Louis XI et Charles le Téméraire.

En Angleterre : Guerre des deux Roses.—Avénement des Tudors.

En Espagne : Formation du royaume d'Espagne. — Ferdinand et Isabelle. — Prise de Grenade.

Découvertes maritimes des Portugais et des Espagnols. — Empire colonial des uns en Asie, et des autres en Amérique. Conséquences de ces découvertes pour le commerce de l'Europe; changement des grandes routes commerciales du monde.

Charles VIII et Anne de Beaujeu. — Commencement des guerres d'Italie. — Conquête de Naples. — Bataille de Fornoue.

Louis XII.— Conquête du Milanais.—Jules II. — La ligue de Cambrai. — La Sainte-Ligue. — Bataille de Ravenne.

François Ier. — Bataille de Marignan. — Charles-Quint. — Rivalité de la France et de l'Autriche. — Bataille de Pavie. — Traités de Madrid et de Cambrai.

Suite de la rivalité des maisons de France et d'Autriche. — Soliman le Magnifique. — Henri VIII. — Traité de Crépy et d'Ardres.

Henri II. — Conquête des Trois-Évêchés. — Abdication de Charles-Quint. — Philippe II. — Bataille de Saint-Quentin. — Prise de Calais. — Paix de Cateau-Cambrésis. — Résultat des guerres d'Italie : les peuples qui se disputent la domination de l'Italie viennent y prendre le goût des arts et des produits délicats de l'industrie.

Découverte et influence de l'imprimerie. — La Renaissance en Italie et en France. — Raphaël, Michel-Ange, Jean Goujon, Philibert Delorme.

La Réforme en Suisse et en Allemagne. — Zwingle et Luther. — Les protestants. — Bataille de Muhlberg. — Paix d'Augsbourg.

La Réforme en Angleterre. — Henri VIII. — Édouard VI, Marie Tudor, Élisabeth et Marie Stuart.

La Réforme dans les Pays-Bas. — Affranchissement des Provinces-Unies. — Philippe II et Guillaume le Taciturne; richesses et puissances acquises à la Hollande par la liberté dont jouissent ses habitants dans l'emploi de leur activité productive.

La Réforme en France. — Calvin. — François II. — Charles IX. — Guerres de religion. Henri III et la Ligue. — Henri IV. — Fin des guerres de religion; l'édit de Nantes. — Sully. Prospérité de la France; ruine de l'Espagne.

Louis XIII. — Le maréchal d'Ancre et le duc de Luynes. — Richelieu. — Lutte contre les protestants et la noblesse; pacification intérieure.

Guerre de Trente ans. — Paix de Westphalie.

Les Stuarts en Angleterre. — Jacques Ier et Charles Ier. — Révolution de 1643. — Olivier Cromwell.

Géographie politique de l'Europe en 1648.

LX

Enseignement géographique.

L'enseignement géographique de cette troisième année comprend l'étude de la géographie politique de l'Asie, de l'Afrique, de l'Amérique et de l'Océanie; on commencera, comme l'année précédente, par une révision rapide de la géographie physique de ces quatre parties du monde.

LXI

Sciences mathématiques, physiques et naturelles.

Cinq leçons par semaine sont consacrées aux sciences, savoir : trois leçons dans le premier semestre et deux leçons dans le second aux *mathématiques appliquées.*

Et, à l'inverse, deux leçons dans le premier semestre et trois dans le second aux *sciences physiques et naturelles* et aux *premières notions de mécanique appliquée.*

Mathématiques appliquées.

1° *Éléments d'algèbre,* comprenant la résolution des équations des deux premiers degrés, les progressions, l'application des logarithmes aux calculs d'intérêts composés et d'annuités. — 20 leçons, d'après le programme XXXVII (p. 44).

2° *Géométrie dans l'espace,* comprenant les applications au toisé des bâtiments, au cubage des bois, aux déblais et remblais, au jaugeage des fûts, etc. — 32 leçons, d'après le programme XXXVIII (Voy. p. 45), dont on écartera les théorèmes sur la symétrie et sur les triangles sphériques.

3° *Notions de géométrie descriptive,* comprenant la ligne droite et le plan, les sections planes des polyèdres et leur pénétration mutuelle, et la représentation des corps par *plan, élévation* et *coupe.* — 12 leçons, d'après le programme XLI (Voy. p. 47).

4° *Notions de trigonométrie rectiligne.* On insistera sur les applications à la mesure des hauteurs et des distances de points inaccessibles, etc. — 16 leçons, d'après le programme XL (Voy. p. 47).

Physique, mécanique, chimie, histoire naturelle.

Physique et mécanique, Ire partie, comprenant les notions sur le mouvement et sur les forces; la pesanteur, la chaleur, l'électricité et le magnétisme. — 40 leçons, d'après le programme XXX (Voy. p. 40).

Chimie. (25 leçons, d'après le programme XXXI (Voy. p. 42), moins les oxydes et les sels).

Histoire naturelle. 1re partie, zoologie (16 leçons, d'après la 1re partie du programme XX (Voy. p. 29).

Nota. On insistera particulièrement sur les applications des sciences physiques qui intéressent le commerce et l'industrie de la localité.

Observations.

Exercices de comptabilité. Ces exercices auront lieu dans l'intervalle de dix heures à midi. Les élèves y trouveront une révision du cours de l'année précédente et de nombreuses applications aux questions usuelles que présente la tenue des livres d'une grande maison de commerce.

Deux séances d'une heure continueront à être données à l'*écriture*, trois séances au *dessin d'imitation* et deux au *dessin linéaire*. On exercera, dans le dessin linéaire, les élèves à faire des croquis à main levée d'instruments de physique, de modèles géométriques en relief et d'autres objets réels. Ces croquis seront cotés, et serviront ensuite à la représentation exacte des objets, d'après une échelle déterminée.

Le jeudi matin sera employé à des *manipulations de physique et de chimie* (alternées), dans lesquelles les instruments seront mis à la disposition des élèves, et les réactions chimiques les plus importantes seront reproduites. Les externes pourront être admis à ces manipulations moyennant une rétribution spéciale.

QUATRIÈME ANNÉE.

LXII

Cours de français.

Une heure par semaine sera consacrée à un cours de littérature française auquel s'ajouteront quelques indications sur les grands noms des littératures étrangères.

Il sera divisé en trente leçons environ, dans l'ordre qui suit :

Origines de la langue et de la littérature française.
La poésie au moyen âge : Trouvères et troubadours.
Premiers essais de la prose : Joinville et Froissart.
Prépondérance intellectuelle de la France dès le treizième siècle.
En Italie, Dante et Pétrarque ; en Allemagne, les Niebelungen.

La renaissance au seizième siècle : Amyot et Montaigne ; Satire
Ménippée, Régnier et Malherbe.
Influence des littératures du Midi sur la littérature française : le
Tasse en Italie ; Cervantès et Lope de Véga en Espagne.
La poésie au dix-septième siècle : Corneille, créateur du théâtre
français.
Molière, Boileau, Racine et la Fontaine.
La prose au dix-septième siècle : l'Académie française, Descartes,
Pascal, Bossuet, Bourdaloue, Fléchier et Fénelon.
Mme de Sévigné.
Les moralistes et les auteurs de Mémoires et de romans.
La Bruyère, Retz, Saint-Simon, Lesage.
En Angleterre : Shakspeare et Milton.
Dix-huitième siècle : Voltaire, Montesquieu, Rousseau et Buffon.
Transition du dix-huitième au dix-neuvième siècle et commence-
ment du dix-neuvième : Bernardin de Saint-Pierre, André Ché-
nier, Mme de Staël, Chateaubriand, Augustin Thierry.
Le grand siècle de la littérature allemande : Lessing, Schiller,
Goethe.
En Angleterre, Byron et Walter Scott ; en Italie, Manzoni ; aux
États-Unis, Cooper.
Influence des littératures étrangères sur celle de la France.
Mouvement littéraire de la première moitié du dix-neuvième siècle
dans la poésie, l'histoire, etc.

Textes de lecture et d'explication.

Ces textes seront fournis par le programme même de l'histoire
abrégée de la littérature française. Ils seront choisis, avec soin,
parmi les chefs-d'œuvre seulement, afin de n'offrir à l'esprit des
élèves que les modèles les plus irréprochables du goût, de la raison
et de la morale.

Les devoirs seront de même nature qu'en troisième année. On
y joindra des analyses d'ouvrages ou de parties d'ouvrages dont il
aura été parlé dans le cours de littérature.

LXIII

Langues vivantes.

(Voir la circulaire relative à l'enseignement des langues
vivantes, p. 119.)

LXIV

Histoire moderne depuis Louis XIV jusqu'à nos jours.

Minorité de Louis XIV. — Mazarin. — La Fronde, ou dernier effort de la réaction aristocratique. — Traité des Pyrénées.

Gouvernement personnel de Louis XIV. — Colbert : réglementation excessive de l'industrie et du commerce; mais en réformant les finances, en épurant la comptabilité, il double les revenus sans augmenter l'impôt, et fournit au roi des ressources qu'aucun autre souverain ne peut alors trouver. — Conquête de la Flandre et de la Franche-Comté. — Traités d'Aix-la-Chapelle et de Nimègue.

Chambres de réunion. — Révocation de l'édit de Nantes et ses suites fatales. — Révolution de 1688 en Angleterre. — Guillaume III. — Coalition contre l'ambition de Louis XIV. — Paix de Ryswick. — Guerre de la succession d'Espagne. — Traités d'Utrecht et de Rastadt. — Misères des dernières années du règne.

Tableau des lettres, des sciences et des arts pendant le règne de Louis XIV.

Charles XII et Pierre le Grand. — La Russie succède à la Suède comme puissance prépondérante dans le Nord.

Louis XV. — Régence du duc d'Orléans. — Law et son système. — Le cardinal Fleury. — Guerres de la succession de Pologne et de la succession d'Autriche. — Frédéric II et Marie-Thérèse. — Progrès du royaume de Prusse.

Guerre de Sept ans. — Perte d'une partie des colonies françaises. — Acquisition de la Lorraine et de la Corse. — Destruction des parlements. — Progrès des sciences.

Partage de la Pologne. — La Russie essaye encore de démembrer la Suède et la Turquie.

Puissance maritime de l'Angleterre. — Empire des Anglais aux Indes orientales.

Système colonial des États modernes fondé sur l'exploitation exclusive de la colonie par la métropole. — Importance commerciale du sucre et du café récemment entrés dans les habitudes des populations européennes. Les produits coloniaux étant payés par des produits métropolitains, l'industrie se relève.

Soulèvement des colonies d'Amérique. — Guerre de l'indépendance des États-Unis. — Traité de Versailles. — L'Angleterre perd des colonies, mais gagne du commerce.

Louis XVI. — Turgot et Malesherbes. — Necker. — Assemblée des notables. — Convocation des États généraux.

Géographie et situation politique de l'Europe en 1789. — État de la France : mécontentement contre les privilégiés ; déficit des finances ; impuissance du gouvernement à se créer des ressources sans faire une réforme politique.

États généraux. — Réunion des trois ordres qui forment l'Assemblée nationale constituante. — Prise de la Bastille ; journées des 5 et 6 octobre. — Constitution de 1791. — Abolition des priviléges et égalité des droits.

Assemblée législative. — Déclaration de Pilnitz. — Guerre avec l'Autriche. — Manifeste de Brunswick. — Journée du 10 août 1792. — Massacres de septembre. — Valmy.

Convention nationale. — Procès et mort de Louis XVI. — La Terreur. — Journée du 9 thermidor. — Campagnes de 1793 et 1794. — Le 13 vendémiaire.

Directoire. — Campagne d'Italie. — Le général Bonaparte. — Arcole, Rivoli. — Traité de Campo-Formio.

Expédition d'Égypte. — Retour de Bonaparte en France. — Journée du 18 brumaire. — Constitution de l'an VIII.

Consulat. — Marengo. — Traités de Lunéville et d'Amiens. — Concordat. — Code civil. — Consulat à vie.

Empire. — Campagne d'Austerlitz. — Trafalgar. — Paix de Presbourg.

Campagne de Prusse : Iéna, Friedland. — Paix de Tilsitt. — Blocus continental.

Commencement de la guerre d'Espagne. — L'Autriche reprend les armes : bataille de Wagram.

Campagnes de Russie, d'Allemagne et de France. — Abdication de l'Empereur.

Première Restauration. — Retour de Napoléon de l'île d'Elbe. — Les Cent jours. — Waterloo. — Sainte-Hélène.

Traités de 1815. — Comparaison entre les limites des États européens à cette époque et en 1789. — La seconde Restauration. — Louis XVIII et la Sainte-Alliance.

Révolutions de 1820 en Espagne et à Lisbonne, à Naples et à Turin. — Intervention de l'Autriche en Italie, de la France en Espagne ; prise du Trocadéro.

Le roi Charles X. — L'indemnité aux émigrés. — Intervention en faveur des Grecs. — Bataille de Navarin. — Marche des Russes sur Constantinople. — Traité d'Andrinople.

Prise d'Alger. — Révolution de 1830.

Le roi Louis-Philippe. Fondation du royaume de Belgique. — Nouvelle intervention de l'Autriche en Italie. — Occupation d'Ancône par la France. — En Angleterre, chute du ministère tory et bill de réforme ; en Espagne, défaite du parti cardinaliste ; en Portugal, chute de don Miguel ; en Turquie, le sultan Mahmoud et le pacha d'Égypte. — Intervention des Russes.

En Asie, les Anglais veulent conquérir l'Afghanistan et les Russes le Turkestan. — Guerre de l'opium.

Traité de la quadruple alliance contre la France (1840). — Fortifications de Paris.

Guerre contre le Maroc et bataille d'Isly. — Soumission d'Abd-el-Kader.

Demandes de réformes. — Révolution de 1848 ; proclamation de la République. — Le socialisme. — Bataille de juin. — Élection du prince Louis-Napoléon comme président de la République.

Suites de la Révolution de 1848 en Europe. — Soulèvement de la Lombardie et des Hongrois contre les Autrichiens. — Bataille de Novare. — Occupation de Rome par la France.

Rétablissement de l'Empire. — Napoléon III. — Guerre de Crimée ; Sébastopol. — Guerre d'Italie ; Magenta et Solférino. — Prise de Pékin par une armée anglo-française. — Conquête de la basse Cochinchine. — Prise de Puebla.

Développement rapide, depuis 1815, de la puissance industrielle ; la science fournit de nouveaux moyens de production. — La vapeur et l'électricité sont mises au nombre des forces dont l'homme dirige l'application. La richesse s'accroît dans des proportions et avec une rapidité jusqu'alors inconnues. — Institutions nouvelles de crédit ; liberté commerciale.

Caractère chrétien de la civilisation moderne : nombreuses institutions de bienfaisance. — Diminution du paupérisme et de la criminalité.

LXV

Enseignement géographique.

Limites de la France. — Ligne de partage des eaux. — Chaînes de montagnes ; ramifications principales. — Division de la France en versants et en bassins.

Côtes maritimes de Dunkerque à Bayonne et de Port-Vendres à Menton ; îles, caps et golfes principaux ; embouchures des grands fleuves. — Départements et villes principales du littoral. — Ports de commerce ; nature des exportations et des importations.

Limites de terre : 1° de Dunkerque à Menton et de Port-Vendres à Bayonne. — Départements situés sur la frontière ; pays limitrophes.

Les Alpes et les Pyrénées : cols et ramifications les plus remarquables ; rivières principales qui descendent de ces chaînes de montagnes.

Bassins de la Seine, de la Loire, de la Garonne et du Rhône ; partie française des bassins de l'Escaut, de la Meuse et du Rhin. — Décrire la ceinture du bassin, le cours du fleuve et les principaux affluents. — Départements et villes principales qu'arrosent le fleuve et les affluents principaux.

Principaux canaux ; mers et rivières qu'ils mettent en communication. — Principaux chemins de fer ; leur liaison avec les grands chemins de fer étrangers.

Ancienne division de la France en provinces ; capitales. — Origine et but de la division en départements : chefs-lieux des départements et des arrondissements. — Concordance des deux divisions.

Superficie de la France. — Population. — Gouvernement. — Divisions administratives, militaires, ecclésiastiques, judiciaires. — Instruction publique. — Préfectures maritimes.

Agriculture, industrie et commerce. — Revenu et dette. — Armée et marine.

Algérie ; limites ; chaînes de montagnes. — Divisions administratives ; villes principales. — Races, langues, religions, productions, industrie et commerce.

Colonies françaises dans les diverses parties du monde. — Situation. — Villes principales, productions, importance commerciale.

(Pour cet enseignement de l'histoire et de la géographie, voir la circulaire relative à l'enseignement de l'histoire dans la classe de philosophie, p. 116.)

LXVI

Éléments de morale.

Des facultés et des sentiments qui sont propres à l'homme : la raison, la liberté, l'amour désintéressé pour ses semblables, l'amour du vrai, du juste et du bien, le sentiment du beau, le sentiment religieux.

Du but élevé que ces facultés et ces sentiments assignent à notre existence et de la loi supérieure qu'ils doivent suivre sous la direction de notre volonté.

Du bien moral, du devoir et de la vertu.— Différence entre le bien et l'utile ; cas divers où ces deux principes peuvent se concilier. — Différence entre le devoir, règle souveraine, et les autres motifs de nos actions, tels que l'intérêt, l'usage, etc.

Devoirs de l'homme envers lui-même.

Les devoirs de l'homme envers lui-même sont déterminés par sa nature et par la fin à laquelle il est appelé : éclairer son esprit, purifier son cœur, conserver et gouverner son corps en vue des fins morales de l'âme. (Condamnation du suicide, qui est une désertion.) — S'exercer à mettre toujours la raison au-dessus de la passion ; conquérir par le travail l'indépendance et la dignité morale ; enfin préparer en son esprit une force intelligente et morale qui donne l'habitude et le pouvoir de compter sur soi.

La vraie grandeur de l'homme est dans l'accomplissement du devoir ou la pratique de la vertu.

Tempérance.

Courage militaire et courage civil, dévouement, sacrifice.

Rapports de l'homme avec la nature et les animaux ; user, ne point abuser.

Devoirs de l'homme envers ses semblables.

Deux espèces de devoirs : les uns, qui se rapportent à la justice ; les autres, qui se rapportent à la charité.

Devoirs de justice.

Droit aux garanties que chacun doit trouver dans la société pour sa sécurité personnelle ; condamnation du duel.

Droit à la liberté sous la loi ; conséquences funestes de l'esclavage dans l'antiquité et dans les temps modernes.

Droit de jouir des fruits de son travail et du travail de ses auteurs, ou droit de propriété et d'hérédité.

Droit de servir Dieu selon ses lumières et sa foi ; liberté de la conscience.

De la limite naturelle que chacun de ces droits trouve nécessairement dans le droit d'autrui ; par conséquent, défense pour l'individu de porter atteinte à la vie de son semblable, à sa liberté, à sa propriété ; défense de le blesser dans son honneur et dans sa dignité ; devoirs de véracité et de loyauté.

Le caractère commun à tous ces droits, c'est qu'on peut recourir à la contrainte pour les faire respecter. La loi civile a pour objet d'en régler l'exercice et de punir ceux qui les violent. Donner quelques exemples tirés du Code Napoléon.

Devoirs de charité. Ils ne constituent pas un droit légal pour celui qui en est l'objet, mais ils sont un des principes essentiels de la religion et de la civilisation.

Formule des obligations rigoureuses de la justice : « Ne faites pas à autrui ce que vous ne voudriez pas qu'on vous fît à vous-même. »

Insuffisance de ces devoirs négatifs ou d'abstention ; nécessité de pratiquer les devoirs positifs ou d'action, qui se résument dans ces deux préceptes : « Aimez votre prochain comme vous-même, et faites à autrui ce que vous voudriez qu'on vous fît. » — Il faut la charité pour compléter l'œuvre de la justice ; il faut la justice pour éclairer et diriger la charité.

Devoirs de l'homme dans la famille.

La famille, premier fondement de la société et condition nécessaire des mœurs publiques.

De la sainteté du mariage.

Devoirs des parents envers les enfants et fondements de l'autorité paternelle.

Devoirs des enfants envers les parents.

Devoirs des enfants entre eux.

Devoirs du citoyen envers l'État :

La société civile, ou l'État, naturel et nécessaire comme la famille : l'activité intelligente et dévouée est obligatoire pour l'une comme pour l'autre.

Devoirs envers l'État, ou devoirs envers la patrie : impôts, service militaire, etc.

Devoirs envers la loi et envers les autorités, le magistrat et le prince, qui en sont les organes ; obéissance, respect.

Devoirs à l'égard de nos concitoyens.

Devoirs et droits des nations entre elles, ou droit des gens.

La justice et l'humanité, vrai fondement des relations internationales.

Progrès de la justice et de l'humanité dans les rapports mutuels des peuples.

Société universelle du genre humain.

Devoirs envers Dieu. Du culte religieux (voir pour les développements le cours d'instruction religieuse).

Sanction de la morale :

Le devoir a pour sanction suprême l'immortalité de l'âme et la justice divine.

Observations.

Le cours des éléments de morale a pour objet de donner aux élèves la connaissance raisonnée des devoirs que nous avons tous à remplir.

L'apprentissage de ces devoirs commence pour l'homme dès que les premières lueurs de la raison apparaissent en lui, et se prolonge durant toute l'éducation ; il n'est pas un maître ayant le sentiment de sa mission véritable qui ne consacre ses soins à développer dans l'âme le sens moral et l'amour du bien. — Mais ces notions, qui s'acquièrent, pour ainsi dire, au jour le jour, ont besoin d'être coordonnées et présentées dans leur ensemble, avec les motifs qui les justifient, les confirment et les rendent inébranlables aux yeux de la raison. — Tel est le but de ce nouvel enseignement, qui couronnera dignement l'instruction professionnelle.

On a parfois reproché à l'industrie de développer une préoccupation excessive du bien-être matériel et l'égoïsme, c'est-à-dire l'oubli du devoir.

Nous prémunirons nos élèves contre ce danger en leur donnant la forte conviction de leurs obligations morales envers eux-mêmes et envers la société.

Pour cela, il n'est pas besoin de beaucoup de métaphysique ; la science du devoir est bien simple, car Dieu l'a écrite dans notre

cœur comme dans notre raison. — Il suffira d'apprendre aux enfants à lire en eux-mêmes.

Ce cours sera donc moins une série de leçons philosophiques
qu'une morale en action expliquée par la science, puisque le professeur s'appliquera à faire comprendre les préceptes par des
exemples, comme Cicéron le fait si bien dans son beau traité « Des
Devoirs. » — La mission que le maître reçoit ici est de ne rien négliger pour fortifier dans le cœur des enfants le respect d'eux-
mêmes, la piété filiale, l'amour du pays et l'obéissance aux lois
qu'il s'est données.

LXVII

Cours de législation usuelle.

Historique des Codes français.
Explications sommaires ; 1° sur la jouissance, l'exercice et la pri-
vation des droits civils ; 2° sur les actes de l'état civil ; 3° sur la
puissance paternelle, la minorité, la tutelle et l'émancipation ;
4° sur la majorité, l'interdiction et le conseil judiciaire.
Distinction des biens. — De la propriété et de ses démembrements.
Notions générales sur les obligations.
Règles spéciales aux contrats de vente, d'échange, de louage, de
société de prêt et de mandat.
Priviléges et hypothèques.
Exposé rapide de l'état de la propriété avant 1789.
Police rurale. — Loi des 28 septembre-6 octobre 1791 (Code rural).
Servitudes agricoles : irrigations, drainage, parcours, vaine pâture.
Desséchement des marais et des étangs.
Foires, halles et marchés.
Notions générales sur le régime forestier.
Nécessité d'une législation particulière au commerce.
Des commerçants et des actes de commerce.
Des livres de commerce.
Contrats et usages. — Règles spéciales aux contrats de sociétés,
de commission, de transport et d'assurance, à la lettre de
change et au billet à ordre.
Faillites et banqueroutes.
Institutions de crédit : banques ; crédits foncier et mobilier ; docks.
— Bourses de commerce.
Importation et exportation. — Traités de commerce.
Propriété artistique et industrielle. — Brevets d'invention et
· marques de fabrique.
Fabriques et manufactures. — Machines et chaudières à vapeur.
— Établissements incommodes et insalubres.
Mines, minières, tourbières et carrières.
Grèves et chômages.

Contrat d'apprentissage. — Livrets d'ouvriers. — Travail des
enfants.

Monopole et réglementation de certaines industries.

Théorie élémentaire des impôts. — Douanes et octrois. — Voirie.
— Recrutement militaire. — Expropriation pour cause d'utilité
publique.

Organisation judiciaire et administrative de la France. — Sa constitution politique.

De la publication, des effets et de l'application des lois, décrets,
arrêtés ministériels, préfectoraux et municipaux.

Observations.

Le cours de législation usuelle a pour but de donner des connaissances nécessaires au citoyen dans toutes les carrières et les
notions générales du droit sur les matières que les agriculteurs,
les industriels et les négociants ont besoin de posséder.

Les numéros 1 et 5 du programme sont pour les premiers, les
numéros 2, 3 et 4 sont pour les seconds.

Quelle que soit la profession qu'on embrasse, on est atteint par
les lois fiscales, par l'arrêté du maire, par l'expropriation, par l'hy-
pothèque légale de la femme ou des enfants. Ce sont des questions
d'intérêt général qui devront être traitées partout, mais en n'ou-
bliant pas que les élèves des cours professionnels ne sont pas les
élèves de l'École de droit.

Pour les matières spéciales, le professeur appuiera davantage
et, selon les besoins des localités, développera telle ou telle partie
de son enseignement. Il est évident que le cours ne peut ni ne
doit être le même à Saint-Étienne et à Nantes, à Chartres et à
Lille.

Il sera bon de montrer, toutes les fois qu'on le pourra, l'état
antérieur de la législation, afin que nos élèves, en voyant dans le
cours d'histoire par combien d'épreuves douloureuses la France a
passé, sachent au moins de quel prix ces souffrances ont été
payées : la liberté, par exemple, rendue à la propriété ; les servitudes personnelles reléguées dans l'histoire ; les priviléges abolis ;
le droit de travailler, jadis droit royal, devenu le droit de chaque
citoyen. Il faut rappeler à la France agricole, industrielle et
commerciale, ce qu'elle fut, pour lui faire estimer ce qu'elle est,
et lui montrer ce qu'elle peut devenir par de nouveaux efforts.

Ce cours devra être rédigé brièvement par les élèves, qu'on
exercera au style sévère et précis des affaires et du droit.

Le professeur attachera une importance sérieuse à ces devoirs,
qu'il corrigera avec soin.

LXVIII

Sciences mathématiques, physiques et naturelles.

Cinq leçons par semaine sont consacrées aux sciences, savoir :
Deux leçons aux *mathématiques appliquées;*
Trois leçons *aux sciences physiques et naturelles* et à la *mécanique appliquée.*

Mathématiques appliquées.

1° *Compléments de géométrie descriptive,* comprenant les problèmes sur les plans tangents aux cônes, aux cylindres et aux surfaces de révolution, sur les intersections de surfaces, et des notions élémentaires sur les ombres et la perspective linéaire. — 16 leçons, d'après la 2ᵉ partie du programme de géométrie descriptive de la classe de mathématiques spéciales (Voy. p. 72) et des notions élémentaires sur les ombres et la perspective linéaire.

2° *Notions sur le nivellement et ses usages.* Application au drainage et à l'irrigation. — 12 leçons.

3° *Notions sur les propriétés de quelques courbes usuelles.* (Ellipse, parabole et hélice). — 12 leçons, d'après le programme XXXIX (Voy. p. 46).

4° *Cosmographie.* — 20 leçons, d'après le programme XXV (Voy. p. 33).

Physique, Mécanique, Chimie, Histoire naturelle.

Physique et mécanique, 2ᵉ partie, comprenant les transformations de mouvement, le travail des forces et les machines, l'électricité dynamique, l'acoustique et l'optique. — 48 leçons, d'après les programmes XLIV (Voy. p. 50) et XLIII (Voy. p. 48).

Chimie, 2ᵉ partie, comprenant les oxydes métalliques et les sels les plus usuels, des notions de métallurgie et les propriétés les plus importantes des matières organiques. — 30 leçons, d'après le programme XLV (Voy. p. 52).

Histoire naturelle, 2ᵉ partie, botanique et géologie. — 20 leçons, d'après la 2ᵉ partie du programme XX (Voy. p. 29).

NOTA. On insistera sur les grandes applications industrielles, et particulièrement sur celles qui ont un intérêt local.

Cinq séances d'une heure continuent à être attribuées aux deux dessins. Dans le cours de dessin linéaire, les élèves seront exercés aux épures de géométrie descriptive, aux croquis cotés à main levée et aux lavis de machines et d'organes de machines.

Le jeudi sera employé, partie à continuer les manipulations déjà indiquées en 3e année, partie à des visites aux principaux établissements industriels du pays.

LXIX

Comptabilité.

Notions sur les expressions les plus usitées dans le commerce : actif, passif d'un négociant. — Avoir, doit, solde. — Crédit, débit. — Bordereau. — Capital. — Effets. — Commission. — Change. — Escompte, etc.

Principales opérations qui accompagnent les actes de commerce : Reçus. — Lettres de voiture. — Notes. — Factures. — Lettres de change. — Traites. — Mandats. — Billets à ordre. — Endossement. — Aval. — Donner des modèles de ces différentes opérations.

Exercices de correspondance commerciale : circulaires, offres de marchandises, offres de services, lettres de commande, d'avis, de réclamation, etc.

Livres obligatoires de commerce : livre-journal, livre d'inventaire, livre de copies de lettres. — Usage de ces trois livres. — Livres auxiliaires : 1º ceux qui concourent à la formation du livre-journal : livre de caisse, main-courante ; 2º livre extrait du journal : le grand-livre ; 3º livres destinés à des renseignements spéciaux : livre-magasin, livre copie d'effets, carnet d'échéances, etc. — Usage de ces livres auxiliaires.

Notions générales sur la tenue des livres. — Deux méthodes : partie simple ; — partie double.

Premiers exemples propres à faire comprendre les deux méthodes. La seconde a l'avantage de fournir au négociant un contrôle continuel de ses écritures et le moyen de se rendre compte, à un moment donné, de la situation de ses affaires.

Partie simple. — Exercices sur la manière de passer écriture en partie simple : 1º au livre de caisse ; ce qu'on appelle *faire* la caisse, *arrêter* la caisse ; 2º au livre de main-courante ; 3º au livre-journal : 4º au grand-livre. — Rédaction de l'inventaire : on en conclut le montant des bénéfices ou des pertes de l'année.

Partie double. — Des comptes généraux ; leur division en classes (marchandises générales, caisse, effets à payer, profits et pertes, mobilier, etc.). — Comptes personnels. — Compte de capital.

Tenue en partie double du livre-journal et de ses auxiliaires. — Comment on reporte au grand-livre les articles du journal[1].

Balance mensuelle. — Pointage des livres.

Inventaire général annuel. — Solde des comptes par balance de sortie. — Réouverture par balance d'entrée des comptes du nouvel exercice.

Notions sur les comptes courants portant intérêt. — Règles auxquelles ils sont soumis. — Leurs effets.

1. Au lieu de présenter aux élèves des exercices d'écritures commerciales indépendants les uns des autres, et par cela même de peu d'intérêt, le professeur s'attachera à montrer le rôle de chaque livre en suivant tout le mouvement d'une opération commerciale. Cette opération peut comprendre, par exemple : lettre de commande, copie de cette lettre, facture, lettre d'expédition, payement des frais de transport, réception de la marchandise, son entrée au magasin, payement de la facture, partie au comptant, partie sur effets ; sortie partielle de la marchandise revendue avec bénéfice ; encaissement du prix de vente ; inscription de ces opérations au livre-journal, au grand-livre, etc., etc.

INSTRUCTIONS MINISTÉRIELLES

RELATIVES AUX PROGRAMMES D'ENSEIGNEMENT SECONDAIRE
CLASSIQUE ET SPÉCIAL.

I

Envoi aux recteurs des programmes modifiés pour l'enseignement littéraire et scientifique des lycées.

Paris, 24 mars 1865.

Monsieur le Recteur,

Je vous adresse un exemplaire des programmes de l'enseignement littéraire et scientifique des lycées, modifiés conformément au décret du 4 décembre 1864. Vous remarquerez que cette réforme, qui complète et achève celle de l'an dernier, se réduit, pour les programmes, à la simplification de ceux qui résultaient du plan d'études de 1852.

En troisième et en seconde, le thème grec est supprimé, parce que cet exercice, purement grammatical, ne saurait amener les élèves au point d'écrire et de composer le grec, comme le thème latin a pour objet de les préparer à écrire en latin et par conséquent à rester toute leur vie en commerce familier avec les grands esprits de l'antiquité de qui notre civilisation procède. La suppression de la narration française dans les mêmes classes est fondée sur cette raison que la rédaction d'histoire, à laquelle on doit conserver un caractère essentiellement littéraire, remplace avantageusement pour elles l'exercice de la narration.

La *description particulière de l'Europe*, qui fait l'objet du cours de géographie de la classe de troisième, comprendra dorénavant la *géographie de la France*, dont le programme, rédigé pour la classe de rhétorique avec les détails les plus minutieux, reste supprimé.

Pour l'enseignement scientifique en troisième, il a paru utile de retrancher certaines questions d'arithmétique, une partie de la géométrie et l'algèbre, afin d'obtenir davantage en demandant moins.

En seconde, comme en troisième, deux leçons par semaine seront désormais employées à développer l'instruction scientifique des élèves des classes d'humanités.

L'histoire naturelle, qui, dans l'ancien plan d'études, faisait partie à la fois du cours de rhétorique (sciences) et du cours de philosophie (lettres), est reportée en seconde, où cet enseignement surtout descriptif est mieux à sa place. Les hautes classes et la préparation aux baccalauréats se trouveront allégées d'autant.

En rhétorique, le programme compliqué de la géographie de la France sera remplacé par une révision de la géographie générale enseignée dans les classes de troisième et de seconde.

Le cours d'histoire de rhétorique (1643-1845) devra aussi être déchargé de nombreux détails qui trouvent mieux leur place dans la première partie du cours suivi par les élèves de philosophie.

Le programme des questions élémentaires de littérature et de rhétorique est supprimé; mais les professeurs n'oublieront pas que la rhétorique est la classe littéraire par excellence, qu'elle résume tout l'enseignement classique en le portant plus haut. Si on y donne peu de temps à l'étude des figures de mots, on en donnera beaucoup aux formes de la pensée, au développement des idées et des sentiments; on s'appliquera à épurer le goût par l'étude approfondie des auteurs qui en sont demeurés les parfaits modèles.

Le programme scientifique de la rhétorique a subi peu de modifications ; mais, pour engager les candidats aux écoles spéciales à pousser jusqu'à la fin de cette classe leurs études littéraires, une conférence sera établie en faveur des élèves qui auraient besoin de revoir les cours scientifiques de la troisième et de la seconde.

La philosophie reste le couronnement des études du lycée par la révision générale des cours scientifiques et littéraires des humanités, par l'enseignement des sciences physiques, qui aura désormais pour base une instruction mathématique plus solide, et surtout par les deux grands enseignements qui lui sont propres :

Le premier, celui de la philosophie, introduit régulièrement les élèves dans un monde nouveau où ils prennent l'habitude d'aller au fond des idées pour en éprouver la solidité, tandis qu'en rhétorique ils s'attachaient surtout à la forme, et où le développement de l'imagination, du goût et des facultés oratoires fait place à la réflexion, à l'analyse, à la généralisation.

Le second enseignement particulier à la classe de philosophie, celui de l'histoire contemporaine, a été placé au terme de ces études qui retiennent si longtemps les élèves à Athènes et à Rome, pour leur apprendre les grandeurs comme les misères de nos sociétés modernes, en faire des hommes de leur temps et les mettre mieux en état de servir leur pays selon les nécessités du présent.

Pour l'enseignement de l'histoire et de la géographie quelques recommandations sont nécessaires :

De la cinquième à la rhétorique inclusivement, le professeur d'histoire emploiera, chaque année, ses premières leçons à des interrogations qui porteront sur l'ensemble du cours de l'année précédente. Ces révisions multipliées à dessein sont indispensables à l'élève pour affermir sa marche et lui donner la sécurité d'aller plus loin.

La géographie est une nomenclature dont la mémoire doit se charger, et qui, comme toutes les nomenclatures, s'oublie vite. Aussi la faisons-nous apprendre deux fois: d'abord dans les classes de grammaire, d'une manière élémentaire; ensuite dans les classes d'humanités, d'une façon plus complète. Pour apprendre cette nomenclature, il n'est pas besoin d'une classe régulière; quelques dessins et des interrogations suffisent. La classe de quinzaine, précédemment consacrée à la géographie, sera donc rendue aux lettres, qui de cette façon se trouveront n'avoir rien perdu par l'accroissement donné à l'enseignement scientifique, et une anomalie, gênante à plus d'un titre, aura disparu. Chaque semaine, et autant que possible le jeudi matin, le professeur d'histoire fera, en échange, durant une heure, une conférence de géographie.

Mais la géographie n'est pas seulement une nomenclature; elle est encore une science fort belle, très-philosophique et qui explique la moitié de la destinée des peuples. Aussi faut-il la mêler sans cesse à l'histoire et montrer le théâtre tout en racontant les événements qui s'y déroulent. C'est pour cette raison qu'on ne donne point un programme spécial de géographie à la classe de philosophie, où l'histoire contemporaine conduira nécessairement les élèves dans toutes les grandes régions du monde.

Les quatre classes d'humanités forment le cours normal d'études qui mène au baccalauréat ès lettres, mais l'examen ne portera désormais que sur les matières qui composent l'enseignement de la rhétorique et de la philosophie. L'épreuve, en se concentrant, deviendra plus sérieuse, quoique moins pénible.

Mais le lycée doit aussi conduire au baccalauréat ès sciences et aux écoles spéciales.

Pour atteindre ce but, beaucoup d'élèves, d'après le nouveau plan, suivront la grande route des études complètes, c'est-à-dire les quatre classes d'humanités. Avec quelques secours particuliers, qui ne lui feront jamais défaut, un bon élève, à la fin de la philosophie, sera en mesure de se présenter même au baccalauréat ès sciences, et par conséquent d'aspirer aux écoles. Cependant je reconnais volontiers que le succès, dans ce cas, sera l'exception. Après la philosophie, il faudra habituellement une année de mathématiques élémentaires pour Saint-Cyr. Une autre année de mathématiques spéciales sera nécessaire pour arriver à l'École polytechnique.

Ces deux écoles ayant fixé, pour leurs candidats, une limite d'âge, il est à craindre que plusieurs n'aient pas devant eux le temps nécessaire pour achever leurs classes d'humanités et se réserver, après la philosophie, deux années encore pour les mathématiques élémentaires et spéciales.

Dans cette prévision, les cours de sciences ont été échelonnés de telle sorte que les élèves puissent arriver au baccalauréat et aux écoles d'une manière plus ou moins rapide, selon leur âge, leur degré d'aptitude et leur facilité de travail.

La classe de mathématiques élémentaires proprement dite, sera, pour les élèves sortant de philosophie, une sorte de vétérance qui assurera leur succès. Pour les élèves sortant de rhétorique, ce cours sera en partie une révision de matières apprises précédemment, en partie une étude nouvelle.

Les élèves de la classe de mathématiques élémentaires, candidats à l'École militaire, qui, bacheliers ès sciences, auraient échoué à l'examen de Saint-Cyr, redoubleront le cours de mathématiques élémentaires, en donnant aux matières exigées par le programme de l'École le temps que laisseront libres celles qui ne figurent point dans ce programme.

Quant à ceux qui, plus âgés ou trop impatients, seraient autorisés par leurs familles à quitter les études littéraires après la troisième ou la seconde, il leur sera loisible d'entrer dans une classe préparatoire, dont la porte, toutefois, ne leur sera ouverte qu'à la suite d'un examen constatant qu'ils possèdent bien les principales matières de l'enseignement normal de la classe de troisième.

On ne peut, en effet, aborder utilement l'étude spéciale des mathématiques sans y être préparé par l'étude des lettres. Ce cours préparatoire étant en dehors du plan normal des études scientifiques comme des études littéraires, ne sera organisé que dans les lycées où le nombre probable des élèves en rendra la création nécessaire. Outre cinq leçons de littérature et d'histoire, il y aura par semaines cinq leçons de sciences répondant, par leurs programmes, comme par leur nombre, aux cinq leçons de l'enseignement scientifique de la troisième, de la seconde et de la rhétorique.

Mais cette préparation, plus rapide et moins sûre, ne peut être avantageuse qu'aux candidats que l'âge contraindrait à hâter leurs études. Ceux qui voudraient par là devancer leurs concurrents ou échapper à la nécessité d'un travail sérieux s'exposeraient à de cruelles déceptions et perdraient certainement, dans la carrière qu'ils doivent embrasser, le temps qu'ils auraient cru gagner sur le lycée. C'est ce que vous recommanderez aux chefs d'établissements de faire comprendre aux familles. La question est d'arriver bien et non d'arriver vite.

En résumé, les nouvelles mesures constituent le cours normal des humanités avec plus de sciences que par le passé, afin que l'esprit des élèves soit fortifié par les méthodes scientifiques en même temps qu'étendu par les enseignements littéraires. Au bout de la philosophie, le baccalauréat ès lettres et les carrières dont il ouvre l'accès; après le cours de mathématiques élémentaires, doublé au besoin d'une classe préparatoire, le baccalauréat ès sciences et les écoles auxquelles il conduit; enfin les mathématiques spéciales pour les hautes études et pour les grandes écoles scientifiques, telle sera l'économie du nouveau plan d'études. Il diffère de l'ancien, en ce que désormais nul ne sera forcé d'opter, à point nommé, entre les sciences et les lettres, à un âge où les vocations ne peuvent être déterminées. Le lycée classique ne sera plus scindé en deux sections; les esprits ne seront plus irrévocablement classés, dès la première adolescence, en deux catégories et pour ainsi dire divisés en deux camps; mais tous nos élèves, appelés à recevoir la même culture, suivront librement le grand courant des études littéraires et humaines, les uns jusqu'au bout, les autres jusqu'au moment où, de nouvelles aptitudes venant à se révéler en eux sous l'influence des leçons scientifiques qui accompagnent les classes d'humanités, ils pourront passer, sans contrainte et sans repentir, dans des cours où ils recevront, en même temps que l'enseignement général et élevé des sciences, les soins particuliers qui les conduiront aux grandes écoles de l'État.

Ainsi sera sauvegardée la liberté des pères de famille, en même temps que l'intérêt des bonnes études et celui de l'avenir des jeunes gens.

Recevez, monsieur le recteur, l'assurance de ma considération très-distinguée.

Le Ministre de l'instruction publique,

V. DURUY.

II

**Circulaire aux recteurs relative au programme
du cours d'histoire en philosophie.**

Paris, le 24 septembre 1863.

Monsieur le Recteur,

Je vous adresse le programme pour le nouveau cours d'histoire institué dans la classe de philosophie, et qui doit s'étendre depuis 1789 jusqu'à nos jours, afin que ceux qui, dans quelques années, feront les affaires du pays, sachent de quelle manière ce pays a jusqu'à présent vécu.

En rhétorique, le professeur expose déjà dans ses dernières leçons les faits qui se sont accomplis de 1789 à 1815. J'ai jugé nécessaire de reprendre cette étude en philosophie d'une manière rapide. Notre société actuelle, avec son organisation et ses besoins, date de la Révolution, et, pour la bien comprendre, comme pour la bien servir, il faut la bien connaître.

Mais, en faisant cette révision, le professeur se placera à un point de vue différent de celui où il se met en rhétorique. Cette fois, il négligera les événements militaires qu'il a racontés l'année précédente pour suivre de plus près l'enchaînement logique des choses, et montrer la marche incertaine, quelquefois précipitée et téméraire, mais toujours résolue et active, de notre société française vers le but nouveau et légitime de ses impatients désirs : plus de bien-être physique, plus aussi de bien-être moral.

A partir de 1815, le récit reprend son cours, et s'étend successivement, comme nos intérêts, bien au delà de nos frontières. C'est l'honneur de notre pays d'appeler sur lui l'attention des peuples et de faire sentir au loin son influence. Il a tant agi et pensé pour le monde, qu'on trouverait peu de grandes questions européennes qui ne fussent aussi des questions françaises; de sorte que notre histoire ne s'explique bien qu'à la condition d'étudier celle des autres. En outre, les diverses nations de l'Europe, même du monde, deviennent solidaires. Il faut mêler leurs annales, comme elles mêlent leurs intérêts.

J'ai disposé le programme de manière à ce que les événements accomplis dans les différents pays s'éclairent et s'expliquent les uns les autres. A ce sujet, vous aurez, monsieur le Recteur, à rappeler aux professeurs une des lois de leur enseignement, celle qui les avertit de moins tenir à donner beaucoup qu'à bien choisir ce qu'ils donnent. Vous leur ferez aussi remarquer que je me suis efforcé de porter la lumière plutôt sur les choses que sur les personnes. Les hommes passent, les faits demeurent, et nos enfants n'auront affaire qu'avec les conséquences. Mais pour les faits, il conviendra de ne pas les étudier à la façon de Suétone et de Saint-Simon, mais de les regarder de haut et de loin, bonne manière pour bien voir. On s'arrêtera donc uniquement sur ceux qui sont considérables ou caractéristiques, et que le temps, en les jetant dans son crible, n'a point encore laissés passer et se perdre.

J'ai introduit dans l'histoire des idées et des événements de ce siècle quelques notions d'économie politique. Ce n'est pas à dire que nos chaires doivent se transformer, et que les faits aient à y céder la place aux théories hasardées. Au lycée on ne fait pas de la science nouvelle : on donne la science faite et éprouvée. Or, depuis un siècle que les économistes sont à l'œuvre, ils ont mis en lumière un certain nombre de vérités que personne aujourd'hui ne conteste plus, et dont l'éducation peut déjà s'emparer, au grand profit de nos élèves et du pays.

Tant que la guerre et les intrigues de cour ont été la grande affaire des sociétés, Machiavel et l'histoire-bataille suffisaient. Aujourd'hui il faut autre chose. Les faits économiques ont pris une trop grande place dans notre société pour que l'histoire puisse les négliger, si elle veut rester ce qu'elle doit être : le trésor de l'expérience humaine et la maîtresse de la vie, *magistra vitæ*. L'Angleterre a pu traverser paisiblement une crise épouvantable, parce que ses ouvriers connaissent tout ce que nos jeunes gens ignorent encore : les ressorts si délicats de la production et de la vie économique. Nos misères de 1848 sont venues de cette ignorance.

Grâce à cet enseignement, nos élèves, en sortant du lycée, ne tomberont plus dans l'inconnu. Nous leur aurons montré le terrain où, jusqu'à cette heure, ils marchaient sans guide, et nous les aurons mis en état de comprendre les événements au milieu desquels la vie sérieuse vient les surprendre. Jeter un jeune homme dans la cité sans lui avoir rien dit de l'organisation et des nécessités qu'il y rencontre, c'est comme si l'on jetait dans la bataille un chasseur à pied avec l'armement des francs-archers de Charles VII.

Vous connaissez le but de ce cours : éclairer la route où nos enfants s'engagent en devenant hommes ou citoyens.

Quel en sera l'esprit ? Un esprit de paix et de justice.

J'ai toujours trouvé à l'histoire une grande vertu d'apaisement. Elle montre par toutes ses leçons que, si l'absolu se trouve dans la vérité religieuse et dans la vérité scientifique, la politique est, comme la loi, une question de rapport, une convenance entre les choses à faire et les choses déjà faites ; que même il faut compter sans les subir, avec les passions, les préjugés, et que la plus grande des forces, c'est la fermeté dans la modération.

L'histoire stimule les timides en leur faisant voir les nécessités impérieuses des choses, et elle calme les impatients en leur prouvant que rien de durable ne s'improvise, que ce qu'il y a de plus dans le présent, c'est toujours du passé, et qu'il faut en tout l'aide du temps, ce puissant maître, comme dit un des nôtres, le vieil Eschyle.

Aussi suis-je convaincu que l'étude faite avec bonne foi des épreuves que nous avons subies depuis quatre-vingts ans est plutôt de nature à apaiser les esprits en les éclairant qu'à les irriter, et qu'elle contribuera à affermir et à améliorer nos institutions plutôt qu'à les ébranler.

Veuillez donc, monsieur le Recteur, avec la plus active sollicitude, comme j'y veillerai de mon côté par l'inspection générale et par moi-même, à ce que ce cours soit une école de moralité, de respect et de modération : la vérité sur les choses ; partout et en tout une haine vigoureuse pour le mal et pour ceux qui l'ont accompli sciemment, mais des égards pour ceux qui n'ont fait que se tromper, et qui ont servi leur pays avec de l'erreur quand ils croyaient le servir avec de la vérité.

Respectons les hommes qui ont, avant nous, porté le poids du jour, pour que nous soyons respectés à notre tour malgré nos fautes.

Le gouvernement impérial cherche, comme son glorieux fondateur, la réconciliation des partis, et sa plus belle victoire serait de réunir tous ceux que nous ont légués nos révolutions, pour qu'il n'en restât qu'un seul, celui de la France.

Aussi, monsieur le Recteur, je n'ai pas besoin de vous dire qu'en

instituant ce cours nouveau, le gouvernement ne songe pas à faire
de tous nos professeurs d'histoire des avocats intéressés et aveugles
d'une cause qui n'est plus à gagner.

Quand on n'est qu'un parti, on fausse l'histoire pour la faire servir à ses desseins; mais quand on représente, après les avoir
noblement servis, les intérêts généraux du pays et la nation
même avec ses aspirations les plus généreuses, on ne craint pas
la lumière ni la comparaison avec personne, et on demande simplement la vérité.

Les professeurs d'histoire de votre Académie n'ont donc, monsieur le Recteur, qu'à s'inspirer pour leur enseignement de ce
patriotisme éclairé qui met l'honneur et l'intérêt du pays au-dessus
de toutes les questions, et de la fierté légitime que donne l'idée
qu'on appartient à une société policée, libre et puissante.

Agréez, monsieur le Recteur, l'assurance de ma considération la
plus distinguée.

Le Ministre de l'instruction publique.

V. DURUY.

III

**Circulaire aux recteurs, relative au programme des langues
vivantes et aux conférences dans les lycées.**

Paris, le 29 septembre 1863.

Monsieur le Recteur,

Je compte vous adresser bientôt des instructions sur divers
points de l'enseignement secondaire; mais, comme la fin des va-
cances approche, et que MM. les proviseurs vont préparer le tableau de la répartition des classes, je vous indiquerai, dès aujour-
d'hui, quelques réformes qu'il leur est indispensable de connaître
à l'avance.

Nous ne devons pas, monsieur le Recteur, craindre d'avouer
que l'étude des langues vivantes n'a, jusqu'à présent, produit que
des résultats insuffisants ; nos élèves, à bien peu d'exceptions près,
ne savent ni parler ni écrire l'allemand ou l'anglais. Les plus habiles font un thème ou une version ; ils ne sauraient faire une lettre, encore moins suivre une conversation. Comme l'ancienne
Université ne connaissait pas cet enseignement, on accuse la nouvelle de ne point l'aimer. S'il en était ainsi, elle ne serait pas de
son temps. Avec les relations faciles et multipliées qui se sont éta-

blies entre les peuples, la connaissance des langues vivantes est devenue une nécessité, sans compter qu'elle est pour l'esprit un profit et un plaisir. Il y a donc dans cette étude une double utilité pratique et morale que nul de nous ne méconnaît ; mais bien des raisons, qu'il est inutile d'exposer ici, ont amené l'insuccès que nous déplorons. C'est une entreprise à reprendre.

Fixons d'abord le rôle que cette étude doit remplir dans notre système d'éducation. Je ne parle, bien entendu, que de l'enseignement du lycée, et non des cours professionnels, dont je vous entretiendrai bientôt.

Je conviens que les littératures germaniques sont fort belles, et que Gœthe et Shakspeare ont beaucoup à donner à l'esprit français ; mais ne faut-il pas réserver surtout pour l'étudiant de nos Facultés cette influence, qui n'aura que des avantages et point d'inconvénients, si elle agit sur des esprits déjà préparés par une culture sévère et dans le sens de nos traditions.

Pour l'élève du lycée, il est bon de le retenir d'abord sous la discipline classique. Nos arts, nos lettres, nos sciences, notre esprit même et nos lois viennent d'Athènes et de Rome. Il faut faire l'esprit des enfants avec ce qui a fait l'esprit des pères.

Ceux de nos élèves pour qui l'on veut le plus haut enseignement de nos lycées doivent avant tout entretenir un commerce de chaque jour avec la Bible, Homère, Hérodote, Horace, Virgile et nos grands classiques nationaux. Mais il est nécessaire de leur apprendre aussi ce que l'on n'apprend bien que dans l'enfance, une langue étrangère, et de leur mettre dans la main cette clef d'or qui leur ouvrira dans la suite des trésors nouveaux.

En un mot, dans l'économie de nos études scolaires, nous enseignons à nos enfants les langues mortes pour leur apprendre à penser, les langues vivantes pour leur apprendre à les parler.

Commençons, pour celles-ci comme pour les premières, de bonne heure et quand les organes encore flexibles se prêtent aisément à prendre toutes les habitudes ; en outre, l'exercice, fréquemment répété, étant nécessaire pour donner cette souplesse aux organes, nous composerons nos classes d'un petit nombre d'élèves, et nous rapprocherons le plus possible les leçons. Elles seront courtes aussi, car l'effort pour imiter des sons et retenir des mots fatigue l'esprit par cela même qu'il l'occupe peu. C'est une des raisons de la difficulté qu'éprouvent beaucoup de nos maîtres à maintenir une bonne discipline dans ces classes de langues vivantes, qui durent actuellement deux heures, avec un nombreux personnel d'enfants.

La méthode à suivre est ce que j'appellerai la méthode naturelle, celle qu'on emploie pour l'enfant dans la famille, celle dont chacun use en pays étranger : peu de grammaire, l'anglais même n'en a pour ainsi dire pas ; mais beaucoup d'exercices parlés, parce que la prononciation est la plus grande difficulté des langues vivantes; beaucoup aussi d'exercices écrits sur le tableau noir ; des textes préparés avec soin, bien expliqués, d'où l'on fera sortir successivement toutes les règles grammaticales, et qui, appris ensuite par les élèves, leur fourniront les mots nécessaires pour qu'ils puissent composer eux-mêmes d'autres phrases à la leçon suivante.

J'imagine qu'un certain nombre de pages aient été ainsi apprises : ce sont des anecdotes, un récit. Le professeur, à un jour donné, exige que l'histoire étudiée et sue la semaine ou le mois précédent lui soit racontée; il ne fait plus *réciter*, il fait *parler*. A des élèves plus avancés, on imposera comme devoir la lecture attentive d'un morceau plus ou moins étendu, selon leur force, et ils seront tenus d'en rendre compte de vive voix, à l'aide des mots qu'ils y auront trouvés. On fera naître ainsi des conversations véritables et utiles à l'esprit en même temps qu'à la mémoire.

Pour les devoirs écrits, on ne commencera les thèmes qu'au moment où l'on reconnaîtra que les élèves sont en pleine et assurée possession des déclinaisons, des conjugaisons et d'un vocabulaire déjà étendu. Ces thèmes ne porteront que sur les seuls points de la syntaxe, et ils sont en petit nombre, qui offrent des difficultés sérieuses. Les curiosités philologiques et grammaticales seront soigneusement évitées; on les retrouvera suffisamment dans les textes expliqués.

Plus tard, on remplacera les thèmes par des compositions plus ou moins développées, dont les sujets seront empruntés à des lectures faites en classe à haute voix par le professeur.

Enfin, on n'oubliera pas, pour *la prononciation*, qu'il faut, comme en toute chose d'éducation, aller du simple au composé, de la syllabe au mot. L'enseignement de la prononciation portant sur des faits purement matériels, il importe peu que le sens de la phrase périsse d'abord, que le mot lui-même soit décomposé en ses éléments syllabiques contrairement aux lois de la synthèse ou de l'étymologie; l'essentiel est que la sensation spéciale que donne le son d'une voyelle ou d'une syllabe arrive nettement à l'oreille de l'enfant, et que ce son puisse être reproduit par ses jeunes organes. Il sera plus tard exercé à mettre dans les mots l'accent tonique, et, dans la phrase, à relever la voix sur les expressions que le sens indique comme les plus importantes.

Dans les compositions, une part sera faite, dans les premiers temps, pour l'habileté de la prononciation, ensuite pour la facilité, plus ou moins grande, à s'exprimer, c'est-à-dire que la composition, comme je l'indique plus bas, donnera lieu à des épreuves orales comme à des épreuves écrites.

En sixième, nos enfants sont déjà, dans une certaine mesure, maîtres de leur langue, familiarisés avec les grammaires française et latine, habitués au travail de la traduction. C'est là que je mettrai nos premières *classes* de langues vivantes, deux par semaine, d'une heure chacune, faites au moment que vous désignerez, avec peu ou point de devoirs écrits pour l'*étude*, mais seulement des leçons à apprendre. Le travail des enfants en sera bien peu augmenté. Je compte, d'ailleurs, le diminuer de divers autres côtés.

Dans les classes de grammaire, les langues vivantes seront obligatoires. On ne peut laisser à des enfants de cet âge le soin de choisir entre les études qui leur conviennent. Mais, au bout de trois années, on aura pu constater l'aptitude des uns ou le mauvais vouloir persévérant des autres. Aussi, dans les classes d'humanités, cette étude deviendra *facultative*. Il n'y a point, en effet, un intérêt public de premier ordre à ce que tous nos élèves sachent une langue vivante, quelques-uns bien, d'autres médiocrement, le plus grand nombre fort mal ; et le dernier cas serait inévitablement le plus fréquent si tous étaient contraints de suivre une étude qui ne peut être profitable qu'à la condition d'être bien faite. Dans les cours classiques, un demi-succès est encore un profit, parce que c'est toujours un avantage d'avoir contemplé, fût-ce de loin, le beau, le juste et le vrai. Mais à quoi servirait-il de sortir du lycée avec quelques mots d'une langue étrangère qu'on oublierait aussitôt ?

En outre, du moment que l'étude des langues vivantes devient facultative, les élèves peuvent être distribués dans les différents cours, non plus d'après le numéro de leur classe, mais d'après leur force constatée.

Avec ce système, plus de ces traînards qui sont notre grand embarras et une cause permanente d'indiscipline. Tous marchent à peu près du même pas, et tous ont à peu près la même bonne volonté, parce qu'ils se sont imposé librement ce travail et qu'ils se trouvent avec des concurrents de force à peu près égale.

Il va sans dire que cette liberté du choix ne s'exerce qu'au premier jour de l'année.

En groupant ainsi les élèves selon leur force, on arrivera à constituer des cours où des élèves manieront assez bien l'instrument nouveau pour qu'ils puissent l'appliquer à des travaux d'un ordre supérieur. Alors, mais alors seulement, cet enseignement peut prendre le caractère littéraire qu'il ne convient pas de lui donner d'abord. Il y faudra, toutefois, cette condition encore, que les professeurs, pour ne pas jeter de perturbation dans les règles de goût que les jeunes latinistes ont déjà apprises et appliquées, montrent à leurs élèves dans les littératures étrangères, non les côtés par où elles diffèrent le plus, mais ceux par où elles se rapprochent davantage des littératures latines et de la grande tradition classique.

Pour les lycées de Paris et de Versailles, je rétablis le concours des langues vivantes en rhétorique et en philosophie. La composition, consistant en un thème et une version qui seront faits dans la même séance, sera corrigée par la commission compétente. M. le Recteur, immédiatement et dans la forme ordinaire, prendra connaissance du résultat, et les élèves dont les copies auront été placées aux vingt premiers rangs seront appelés devant une commission qui les soumettra à une troisième épreuve, celle de la langue parlée. Les places définitives pour les prix et les accessits ne seront données qu'après ce dernier examen. Vous chercherez, monsieur le Recteur, quelles mesures vous croirez pouvoir me proposer pour introduire ce mode de composition dans les concours que je désire voir s'établir régulièrement entre les lycées de votre ressort académique.

Enfin, pour donner une sanction plus sévère encore à cet enseignement, je compte faire, dans la nouvelle réglementation du baccalauréat, une part large et sérieuse aux langues vivantes.

Cet enseignement ne porte, jusqu'à présent, que sur l'anglais et l'allemand ; je ne vois pas pourquoi l'on exclut l'italien et l'espagnol, dont nos provinces du Sud ont besoin. Je comprends, monsieur le Recteur, l'uniformité de réglementation lorsqu'il s'agit de ce qui doit être commun à tous, l'éducation de l'esprit et du cœur : il n'y a pas vingt manières de préparer dans l'enfant l'homme et le citoyen. Mais pour les études qui sont, dans une certaine mesure, professionnelles, je veux dire celles où le caractère d'utilité pratique l'emporte sur le côté moral, elles doivent varier comme les besoins mêmes. Nous avons institué dans nos soixante et quatorze lycées, même dans les plus pauvres et les moins peuplés, un cours d'allemand et un cour d'anglais. On s'efforce d'enseigner la langue de Schiller à Pau comme à Strasbourg, celle de Byron au Puy comme à Saint-Omer. C'est, je crois, une erreur. Au lieu d'éparpiller nos ressources en hommes et en argent sur tant de points, je voudrais mettre nos grands lycées au complet pour les langues vivantes comme pour le reste, afin qu'ils fussent bien véritablement les maisons modèles de l'éducation nationale. Mais pour les établissements moins importants, une seule chaire suffirait. Vous n'en déterminerez la nature, monsieur le Recteur, qu'après avoir soigneusement consulté les besoins et les désirs des localités.

Ce changement ne peut se faire dès à présent, parce que son exécution entraînerait des réformes dans le personnel qui ne peuvent s'accomplir qu'avec beaucoup de réserve et de respect pour les droits acquis. Mais je mets la question à l'étude, afin que vous la combiniez avec l'autre réforme que nous avons à faire des cours de commerce annexés à nos lycées. Nos maîtres habiles trouveront là un emploi pour leur activité, et probablement une augmentation pour leur traitement.

J'espère, monsieur le Recteur, que les professeurs de langues vivantes vont redoubler de zèle en voyant l'intérêt que le gouvernement de l'Empereur attache à relever leur enseignement. Dites-leur bien que mon plus vif désir est de relever aussi leur situation. Les services rendus dans cet ordre d'études seront estimés à l'égal des autres, l'administration étant bien décidée à tenir compte à chaque fonctionnaire, quel que soit son titre, du dévouement et de l'intelligence qu'il met à remplir les fonctions qu'elle lui confie.

Notre professorat des langues vivantes se compose en grande partie d'étrangers, dont plusieurs, avec du mérite, n'ont point l'art de se faire écouter des élèves et de les maintenir dans l'ordre. Pour assurer à ce personnel un recrutement meilleur, on a songé à créer une section des langues vivantes à l'École normale supérieure. Je préférerais de beaucoup, sans repousser les étrangers, accorder à ceux de nos nationaux qui se distingueraient le plus au concours public des langues vivantes le droit et les moyens d'aller passer un an à l'étranger, pour achever de s'y familiariser avec l'idiome qu'ils auraient à enseigner. Peut-être même pourrons-nous rétablir plus tard une agrégation spéciale, allant de pair avec les autres, tout en conservant le brevet d'aptitude, qui alors jouerait le rôle de la licence dans les autres ordres d'enseignement. Mais ces réformes tiennent aussi à celle de l'enseignement professionnel, et je ne fais que les indiquer en passant, pour vous demander, à ce sujet, votre avis.

Les cours de langues vivantes devant se faire désormais dans l'intervalle des autres classes, l'enseignement des lettres et des sciences va bénéficier, à partir de la troisième, d'une classe par semaine. Mais, d'autre part, je supprime les conférences, qui prenaient, et sans beaucoup d'utilité, le temps des maîtres et des élèves ; elles ne subsisteront que dans les conditions suivantes :

1° On maintiendra dans les classes de grammaire les répétitions telles qu'elles sont définies par la circulaire de mon prédécesseur, en date du 5 août 1857, où se trouvent ces mots : « Les répétitions ont pour but d'aider la faiblesse de l'élève et de combler les lacunes de son instruction. Elles s'adressent exclusivement à ceux qui ne peuvent suivre sans secours la marche de la classe. » J'ajoute que ces répétitions perdraient leur caractère et leur utilité, si elles s'adressaient à plus de quatre ou cinq élèves. Ce n'est pas une classe nouvelle qu'il s'agit de faire, mais un secours individuel qu'il faut donner. MM. les professeurs auront, du reste, deux moyens de se dispenser de recourir à ces répétitions : la sévérité dans les examens de passage, et, dans leur classe, la plus vive sollicitude pour tous les élèves, sans distinction des bons et des mauvais, de manière à ce qu'ils soient tous entraînés, et qu'on ne trouve point parmi eux de ces traînards qui tomberaient nécessairement à la charge de la répétition.

2° On maintiendra les interrogations scientifiques, parce que le professeur n'a point le temps d'en faire suffisamment en classe, et que, pour ces études, il est nécessaire de s'assurer que les élèves tiennent bien tous les anneaux de la chaîne ; un seul brisé, tout est perdu.

3° Les élèves de philosophie et ceux qui se destinent aux Écoles spéciales, c'est-à-dire tous ceux qui voient un examen au bout de leur dernière année d'études, trouveront, comme par le passé, des conférences pour la révision littéraire, historique, philosophique et scientifique dont ils ont besoin.

4° Dans les autres classes d'humanités, on conservera les répétitions qui serviraient, d'une façon exceptionnelle et temporaire, à remettre au courant de la classe un élève que la maladie ou une absence forcée aurait fait tomber à une trop grande distance de ses camarades.

Hors de là, ni conférences ni répétitions.

Rien n'est innové, d'ailleurs, quant au nombre d'heures dues au lycée par chaque fonctionnaire.

La prochaine réorganisation de l'enseignement professionnel vous permettra, si cela est nécessaire, d'employer d'une manière fructueuse ce qui resterait de temps légalement dû. Je connais trop bien l'esprit du corps enseignant pour n'être pas certain que, si MM. les professeurs répugnaient à un labeur ingrat, ils iront d'eux-mêmes au-devant d'un travail utile dont ils seront les premiers à reconnaître la nécessité.

Agréez, monsieur le Recteur, l'assurance de ma considération la plus distinguée.

Le Ministre de l'instruction publique,

V. DURUY.

IV

Circulaire aux Recteurs relative à l'enseignement spécial.

Paris, le 2 octobre 1863.

Monsieur le Recteur,

Lorsqu'il n'y avait, chez nos pères, qu'une forme de la richesse, la propriété foncière, et que la France entière, ou du moins tout ce qui était compté, tenait dans Versailles, il était naturel que l'on ne connût qu'un système d'éducation : celui par lequel fut formée cette société polie, élégante, raffinée, qui donna le ton à toutes les cours de l'Europe.

Le principe de cette éducation était l'étude prolongée des écrivains que nous appelons classiques. Mme de Sévigné savait le latin, et bien d'autres grandes dames de son temps le savaient comme elle. C'est en se trempant dans la source féconde de l'antiquité latine et grecque que l'esprit français acquit cette mesure, cette haute raison et cette clarté incomparable qui lui ont valu l'empire pacifique de l'Europe.

Conservons précieusement ces nobles études qui ont fait la France moderne et son glorieux génie; mais aussi suivons le monde du côté où il marche.

Or nous avons vu de nos jours naître la grande industrie et se former une richesse immense qu'autrefois on ne connaissait pas. En face de la propriété foncière, il existe maintenant pour quatre-vingts ou cent milliards de valeurs mobilières, au lieu des vingt-cinq à trente milliards qui formaient notre avoir mobilier en 1830. La France a bien, aujourd'hui, 150 000 usines, 1 500 000 ouvriers de fabrique, sans compter cinq millions d'hommes et de femmes occupés par la petite industrie ou le commerce. et 500 000 chevaux-vapeur, qui peuvent représenter le travail de dix millions d'hommes, et ses échanges se sont élevés, en 1861, à cinq milliards cinq cents millions.

Ce grand labeur, c'est la main qui l'exécute, mais c'est la tête qui l'a conçu et dirigé. Il n'a pas exigé seulement une dépense de force, mais une dépense d'esprit. Pour le rendre productif, il sera bien de décupler notre outillage, il sera mieux encore d'accroître l'intelligence qui met toute cette force en action.

Voilà comment les questions d'enseignement sont devenues des questions de fortune publique.

Le nombre des professions s'est accru en même temps que la diversité des sources d'où provient le capital national. Autrefois on était de sa corporation et l'on n'en pouvait sortir : aujourd'hui, comme nos soldats ont dans leur giberne un bâton de maréchal de France, ceux qui, dans l'industrie, le commerce ou l'agriculture font des actions d'éclat ou de glorieuses campagnes, voient s'ouvrir devant eux la route des honneurs suprêmes, ou plutôt des grands devoirs publics.

Comment pourrons-nous faciliter cette élévation progressive des plus dignes, des *meilleurs*, suivant l'expression antique? Comment ferons-nous circuler dans le corps social une séve toujours plus féconde ? Par l'enseignement qui sera donné aux jeunes générations.

L'Université a depuis longtemps reconnu ce besoin des temps nouveaux. Elle a bien compris que, tenant en ses mains l'avenir du pays, elle devait être à la fois conservatrice et progressive, comme le pays lui-même et comme le bon sens. Si elle a parfois résisté, ainsi que son glorieux fondateur le lui conseillait, « aux petites fièvres de la mode, » elle n'a jamais repoussé les enseignements nouveaux que le vœu public ou les besoins de l'État lui recommandaient. Ainsi l'enseignement dit spécial n'a pas cessé depuis quarante ans d'être l'objet de ses méditations et de ses expériences.

Cet enseignement, institué par le décret du 15 septembre 1793[1] et organisé dans les écoles centrales par celui du 7 ventôse an III, avait été restreint par la loi du 11 floréal an X et détruit par le décret du 17 mars 1808, qui supprima les écoles centrales[2]. Mais, en 1821, cette pensée fut reprise et la *bifurcation* commença : il fut alors décidé que les élèves pourraient, au sortir de la troisième, entrer dans un cours spécial.

Huit ans après, un véritable enseignement spécial fut organisé au collége royal de Nancy « en faveur des élèves qui, après avoir suivi les premières années des cours actuels, veulent se livrer au commerce, aux divers arts industriels ou à une profession quelconque pour laquelle l'étude approfondie des langues anciennes n'est point indispensable. » Le programme comprenait : le français, les mathématiques, la physique, l'histoire, la géographie commerciale, le dessin, l'écriture perfectionnée.

Après 1830, le gouvernement royal continua l'application du principe posé par la décision de 1829; l'enseignement spécial fut organisé dans les colléges royaux de Versailles et de la Rochelle; le statut du 5 mars 1847 décida même qu'il serait constitué dans tous les colléges royaux et communaux. Cette fois, la bifurcation était reportée après la quatrième.

La loi du 15 mars 1850 considéra cet ordre d'études comme faisant désormais partie de notre système d'éducation, et se contenta d'imposer au ministre, par l'article 62, l'obligation de constituer les jurys spéciaux pour l'enseignement spécial[3].

---

1. Indépendamment des écoles primaires dont la Convention s'occupe, il sera établi dans la République trois degrés progressifs d'instruction : *le premier pour les connaissances indispensables aux artistes et ouvriers de tous genres;* le second pour les connaissances ultérieures nécessaires à ceux qui se destinent aux autres professions de la société; et le troisième pour les objets d'instruction dont l'étude difficile n'est pas à la portée de tous les hommes. » (Décret du 15 septembre 1793.)

2. Dans les écoles centrales, sur quatorze professeurs, deux seulement étaient chargés des belles-lettres et des langues anciennes.

3. La discussion à laquelle l'article 62 donna lieu ne laisse aucun doute à ce sujet. Le projet de loi était muet sur l'enseignement professionnel, que l'on considérait comme implicitement compris dans l'enseignement secondaire. MM. Ferdinand de Lasteyrie et Wolowski réclamèrent énergiment en sa faveur et demandèrent que le Ministre de l'instruction publique fût invité à l'organiser. Sans attaquer le principe même de l'organisation d'un enseignement nouveau, M. Baze, rapporteur de la commission, critiqua comme vague le mot « professionnel » et proposa la rédaction suivante :

« Le Ministre *peut*, sur l'avis du Conseil supérieur, instituer des jurys particuliers pour les enseignements spéciaux. »

Mais MM. de Lasteyrie et Wolowski combattirent cette proposition :

1° « Ils voulaient que le Ministre instituât des jurys pour *l'enseignement professionnel*, et non pour ce que le projet appelait des enseignements *spéciaux*;

2° « Ils voulaient, de plus, que cette institution fût une *obligation* et non une *faculté* pour le Ministre. »

Pour exécuter ce mandat, une commission fut instituée, le 4 juin suivant, sous la présidence de M. Thénard, dans le but de préparer l'organisation de l'enseignement « spécial ou professionnel, » mais aucun projet ne sortit de ses délibérations. Toute l'attention de l'Administration universitaire était déjà portée sur un nouveau plan d'études, et l'on délaissa la bifurcation naturelle, entrevue par le législateur de 1793 et de l'an III, prescrite par celui de 1850, pour la bifurcation artificielle de 1852.

Il y a cependant une telle force des choses qu'au moment où elle était officiellement abandonnée, cette bifurcation naturelle s'établissait d'elle-même partout. Sous des noms différents, l'enseignement spécial s'introduisait dans 64 de nos lycées sur 74 et dans presque tous les collèges communaux ; le sixième de nos

Sur le premier point, M. de Lasteyrie établissait les différences qui existent entre l'enseignement professionnel et les enseignements spéciaux.

Il demandait un enseignement général préparant les jeunes gens à toutes les professions sans distinction, sauf à eux à se choisir une spécialité plus tard. Il ne voulait pas d'une préparation particulière à telle ou telle école, à telle ou telle profession. Son système se résumait en ces mots : l'enseignement professionnel sera un enseignement secondaire des sciences et des arts parallèle à l'enseignement secondaire dans les lycées.

Sur le second point, il rejetait la formule de la commission : « Le Ministre peut instituer. » « Je voudrais, disait-il, que ce fût une garantie fixe, et non pas une garantie éventuelle, arbitraire, dépendant de la volonté du Ministre. Je voudrais, de plus, que lorsqu'un citoyen, lorsqu'une ville se propose d'établir un collège professionnel, il ne dépendit pas de la volonté du Ministre de lui imposer les conditions qu'il lui plairait ; que les conditions fussent fixées d'avance, comme pour toutes les autres branches de l'enseignement. Au lieu de dire que le Ministre *peut* instituer un jury spécial, je voudrais que la commission nous concédât que le Ministre instituera un jury spécial, que ce ne fût pas quelque chose de *facultatif*, mais quelque chose de *positif*. »

Aux objections de M. Baze M. Wolowski répondit :

« Le projet de loi restreindrait le domaine de l'enseignement professionnel tel qu'il existe aujourd'hui. Il existe des écoles primaires supérieures ; c'est une mauvaise dénomination qui a nui à cette branche d'enseignement ; mais enfin elle s'applique à des écoles qui préparent les jeunes gens pour des carrières agricoles, industrielles et commerciales. Nous croyons qu'il est indispensable que la loi nouvelle donne le droit de cité d'une manière complète, d'une manière formelle et expresse, à l'enseignement professionnel.

« Le mot d'*enseignement professionnel* est passé dans la langue, adopté par l'usage, et indique une chose parfaitement définie par la conscience publique.... Tout le monde tient à ce que cet enseignement soit étendu ; c'est pourquoi nous insistons sur le maintien du terme que nous avons proposé, comme nous insistons également sur l'*obligation* que nous voudrions voir insérer dans la loi. Quant à la formation de jurys spéciaux, elle ne doit pas être remplacée par une simple faculté *donnée au gouvernement* ; cela ne suffit pas.

« Pour conquérir le monde de la nature, il faut nécessairement que les études professionnelles, c'est-à-dire celles qui peuvent conduire à pratiquer avec plus d'utilité et d'avantage les professions commerciales, industrielles et agricoles, soient plus répandues qu'elles ne le sont maintenant. Pénétrés de cette nécessité, nous avons demandé l'introduction dans la loi organique de l'enseignement d'une manière définitive et sérieuse, du principe de l'enseignement professionnel. »

Les deux modifications demandées par MM. de Lasteyrie et Wolowski furent adoptées : c'est leur amendement qui constitue aujourd'hui le § 4 de l'article 62.

élèves y passait. « C'est une marée montante, » écrivaient, il y a deux ans, à M. le Ministre de l'instruction publique, des inspecteurs généraux qui constataient l'augmentation progressive de cette partie de la population scolaire, « c'est une marée montante à laquelle il faut ouvrir un large lit. »

Mais il ne faut pas reculer devant un aveu nécessaire. Par la timidité des essais, par l'incertitude des idées sur les besoins à satisfaire et les meilleurs moyens d'y pourvoir, surtout, en ce qui nous concerne, par le manque d'une dotation spéciale, cet enseignement ne donnait, à bien peu d'exceptions près, que des résultats stériles.

Sans pousser trop loin le goût de l'uniformité, on pouvait se plaindre de trouver dans ces cours, pour les programmes, les méthodes et la durée des études, les disparates les plus étranges. Comme l'autorité supérieure n'a jamais déterminé nettement le but à atteindre, on était allé partout à l'aventure.

En outre, dans la plupart des lycées, on ne possédait ni des locaux appropriés ni les collections, les instruments et les laboratoires nécessaires ; et les ressources financières faisant défaut, l'insuffisance des traitements avait trop souvent pour conséquence l'insuffisance des maîtres.

Mon prédécesseur voulut porter remède à ce désordre et donner une satisfaction sérieuse aux désirs des familles et aux besoins de la société en transformant une grande inutilité en une institution régulière et puissante.

En juin 1862, M. Rouland constitua, sous la présidence de M. Dumas, une commission nombreuse et active, dont les conclusions furent soumises à l'examen du comité des inspecteurs généraux et du conseil impérial.

Dès mon entrée au ministère, j'ai repris et continué ce travail ; aujourd'hui je vous adresse, monsieur le Recteur, les programmes que je viens de rédiger pour cet enseignement à la fois si ancien et si nouveau.

Avant qu'ils deviennent définitifs, il faut que le Corps législatif ait accordé les crédits nécessaires à la transformation qu'ils supposent, et j'ai besoin moi-même de les soumettre au conseil impérial de l'instruction publique. Or, les crédits ne peuvent être accordés que pour 1865, et le conseil ne peut se réunir avant la rentrée des classes. Cependant, je ne voudrais pas perdre une année encore ; j'ai hâte de porter remède à un état de choses qui, sur de certains points, est affligeant, et que nous pouvons déjà améliorer beaucoup avec nos seules ressources. Chaque maison a été laissée libre jusqu'à présent de régler elle-même l'organisation des cours annexés ; voyez, monsieur le Recteur, ce que vous pouvez prendre dès maintenant dans les programmes que je vous envoie en vue d'ordonner mieux cet enseignement : ce sera pour eux une première épreuve, et les observations que vous ne manquerez pas de m'adresser serviront à les amender lorsqu'ils seront présentés au conseil impérial.

Le système que je propose est bien simple : sur la base élargie et consolidée de l'enseignement primaire s'élèveront parallèlement les deux enseignements secondaires : l'un classique, pour les carrières dites libérales; l'autre spécial, pour les carrières de l'industrie, du commerce et de l'agriculture.

La même maison pourra les réunir sans les confondre, la même administration les régir et les surveiller, et les mêmes professeurs, aidés des meilleurs maîtres que fourniront l'enseignement primaire et les carrières professionnelles, suffire à ces deux enseignements qui, d'ailleurs, resteront parfaitement distincts.

Refuser de les admettre dans la même enceinte, ce serait d'abord détruire les écoles actuelles qui, défectueuses dans leur ensemble, peuvent cependant fournir d'excellents matériaux pour une construction nouvelle; ce serait, de plus, nous mettre dans la nécessité d'improviser un personnel administratif et enseignant que nous n'avons pas, et de demander au Corps législatif 50 ou 60 millions peut-être, pour bâtir et pourvoir 89 maisons nouvelles, à ne compter qu'un seul collége français par département.

Ce que l'économie nous engage à faire, beaucoup d'autres raisons nous conseillent de l'exécuter.

Le lycée est une institution nationale et un des symboles de cette égalité que notre pays aime tant. On pourrait souhaiter que les familles, comme en d'autres contrées, gardassent plus long-temps leurs enfants auprès d'elles; mais elles préfèrent les confier de bonne heure aux maisons de l'État, de la commune ou des particuliers, et il faut compter avec cette habitude. On vient donc au lycée de tous les rangs de la société. Si pour nos deux ordres d'enseignement nous établissons des maisons séparées, l'un des deux sera nécessairement considéré comme inférieur à l'autre. Une division qui ne répond pas à une distinction sociale s'établira entre les élèves, et bien des familles, plutôt que d'envoyer leurs fils à un établissement spécial placé plus bas dans l'opinion publique, continueront, par une vanité dont le principe est respectable, de mettre dans les classes latines des enfants que n'y appellent ni leurs aptitudes ni la profession qui les attend. Ainsi nos cours classiques sont encombrés d'élèves qui ne seront jamais que de mauvais lettrés, parce que leurs aptitudes ne sont pas de ce côté, et qu'on aurait pu préparer à devenir de fort bons négociants.

Notre France a été si profondément pénétrée de l'esprit latin qu'il y existe un préjugé contre l'enseignement pratique. Ce préjugé ne pousse pas à mieux faire des études classiques, mais il empêche de bien faire des études usuelles. Nous devons le combattre en mettant les deux enseignements sur le même pied, en faisant vivre sous la même discipline, dans une égale communauté de goûts et de sentiments, des enfants d'origine et de destination différentes.

Ce contact profitera aux uns et aux autres. Il est bon que ceux qui seront plus tard agriculteurs, industriels, magistrats ou médecins, aient vécu dans l'intimité du collége et gagné ensemble les mêmes récompenses, en attendant qu'ils gagnent celles que l'État réserve à tous les représentants distingués des diverses professions sociales.

De cette manière, le lycée restera ce qu'il doit être, le lieu où l'on se prépare par la culture générale et désintéressée de l'esprit au grand combat de la vie, mais aussi le lieu d'où partent toutes les routes qui mènent à la considération publique, aux honneurs, à la fortune.

Le nouvel enseignement spécial, qui aura une durée de quatre années, et gardera les enfants de douze à seize ans environ, comprendra les matières suivantes : l'instruction religieuse, la langue et la littérature française, les langues vivantes, l'histoire et la géographie, des notions élémentaires de morale privée et publique, de législation à l'usage des agriculteurs, des commerçants et des industriels, et d'économie industrielle et rurale, la comptabilité, la tenue des livres, les mathématiques appliquées, la physique, la chimie et l'histoire naturelle avec leurs applications à l'agriculture et à l'industrie, le dessin linéaire, le dessin d'ornement et le dessin d'imitation, la gymnastique et le chant.

L'uniformité des programmes ne fera pas obstacle aux études particulières que réclameront les industries locales. Déjà, au lycée du Puy, les élèves de l'enseignement secondaire spécial reçoivent des leçons pour le dessin des dentelles en vue du commerce particulier à cette ville. A la Rochelle, on leur donne des notions d'hydrographie et de construction navale. Dans la vallée du Rhône, on prendra plus de temps pour ce qui concerne l'industrie de la soie ; ailleurs pour les applications de la science à la métallurgie ou aux exploitations agricoles. Dans nos grandes villes maritimes, la géographie et la législation commerciales seront étudiées de plus près. Partout on apprendra les langues vivantes, non pour les curiosités philologiques, mais pour l'usage immédiat.

Afin de mettre l'autorité supérieure en garde contre ce désir de réglementation uniforme que deux siècles de centralisation énergique lui ont donnée, je proposerais d'instituer, auprès de chacun de nos colléges français, un conseil de perfectionnement, composé non-seulement des représentants de l'enseignement et de l'administration, mais aussi de quelques-uns des chefs du commerce et de l'industrie de la localité. Ces conseils, par les vœux qu'ils pourront émettre chaque année, fourniront certainement de précieuses indications à l'autorité ministérielle et intéresseront plus directement les villes au succès d'un enseignement dont elles seront les premières à profiter.

Nous excluons de nos écoles nouvelles les exercices d'atelier, parce que l'administration de l'instruction nationale n'est pas celle des travaux publics. Elle ne fait pas des mécaniciens, des mineurs, des contre-maîtres ; mais puisque l'industrie, le commerce et l'agriculture exigent chaque jour plus d'intelligence, de savoir et d'art, puisque c'est même le caractère spécial de l'industrie française que la valeur de ses produits dépende moins du prix de la matière première que de l'art et du goût qui en ont modifié la forme, l'Université a son rôle dans cette éducation de l'esprit, qui doit précéder celle de la main. Si elle n'enseigne pas une profession déterminée, elle préparera à toutes les professions. Ainsi, le bon laboureur arrache soigneusement de sa terre les herbes mauvaises, et la retourne profondément, afin qu'elle se baigne d'air et de soleil, avant même de savoir quel grain il y jettera pour la moisson prochaine.

Mais, si l'on ne doit trouver dans nos écoles ni le ciseau, ni le tour, ni la lime, et seulement les applications pratiques des sciences, en revanche, au sortir du laboratoire de chimie et du cabinet de physique, on y entendra parler, aussi bien que dans l'enseignement classique, des beaux génies qui sont l'honneur de la France, des grandes choses que nos pères ont faites et de celles que notre génération a vues s'accomplir : on apprendra à aimer notre société et nos lois, en les connaissant mieux, et à côté de l'enseignement religieux, qui a sa place indispensable dans toute maison d'éducation, nous mettrons cette morale humaine, moins haute, mais nécessaire encore pour marquer à chacun les obligations que la famille et la société lui imposent, ses devoirs d'homme et de citoyen.

Comme couronnement des études littéraires, le lycée classique a la philosophie ; comme complément des études secondaires spéciales, le collége français aura le cours de morale privée et publique.

C'était la pensée de Turgot, lorsqu'il proposait à Louis XVI de séculariser la morale dans l'enseignement public, « d'instruire le peuple de l'intérêt du lien social, des droits, des devoirs qui l'attachent à la patrie, et de lui faire acquérir les connaissances nécessaires pour vivre en bon fils, en bon père, en bon administrateur dans sa famille, en bon citoyen et en bon sujet dans l'État[1]. »

C'était la pensée aussi du général Bonaparte, lorsqu'il mettait dans son plan d'études pour les écoles maltaises, en 1798, qu'on

---

1. Il disait encore au roi : « Sans mettre aucun obstacle (et bien au contraire) aux instructions dont l'objet s'élève plus haut, et qui ont déjà leurs règles et leurs ministres, je crois ne pouvoir rien vous proposer de plus avantageux pour votre peuple, de plus propre à maintenir la paix et le bon ordre, à donner de l'activité à tous les travaux utiles, à faire chérir votre autorité, et à vous attacher chaque jour de plus en plus le cœur de vos sujets, que de leur faire donner à tous une instruction qui leur manifeste bien les obligations qu'ils ont à la société et à votre pouvoir qui la protége, les devoirs que ces obligations leur imposent, l'intérêt qu'ils ont à remplir ces devoirs pour le bien public et pour le leur propre. »

enseignerait aux enfants «les principes de la morale et de la Constitution française. » C'était encore l'opinion de Napoléon Ier, lorsqu'il voulait, en 1808, que « l'Université fût la gardienne de la morale et des principes de l'État. »

Tout enseignement doit avoir une sanction, comme tout travail mérite sa récompense.

Je voudrais qu'il fût institué pour les écoles qui donneront l'enseignement spécial un diplôme ès arts, qui serait délivré après examen et avec solennité, par un jury spécial, non à tous les élèves, mais aux plus méritants. Il y aura lieu d'examiner plus tard si ce diplôme ne pourrait ouvrir l'accès à de certaines carrières, comme celles qui dépendent des finances, du commerce et des travaux publics; ou de quelques administrations spéciales, telles que l'assistance publique, la voirie, les télégraphes. Mais lors même que nul privilége n'y serait attaché, je ne douterais pas qu'il ne conquît bien vite celui que confèrent l'estime et la confiance publiques.

La masse de la nation étant notre grande réserve d'intelligence comme de force, il ne serait ni juste ni politique d'interdire absolument aux élèves des cours de français l'accès de nos grandes écoles. S'il venait à se révéler parmi eux des vocations remarquables, il importerait que l'État et la société pussent bénéficier de ces aptitudes en les perfectionnant. La porte resterait donc ouverte à l'élite de ces jeunes gens pour monter, s'ils le pouvaient, à un enseignement supérieur. Quelques soins particuliers feraient exceptionnellement rentrer les mieux doués dans le grand courant des études supérieures.

Vous remarquerez, monsieur le Recteur, que les programmes ont été disposés de manière à ce que chaque année soit, en quelque sorte, indépendante de la suivante et offre un enseignement complet en soi ; sans doute l'élève saura davantage en restant jusqu'au bout du temps normal des études; mais si un intérêt de famille l'oblige d'interrompre son éducation après la première, la seconde ou la troisième année, ce qu'il aura appris dans chacune d'elles formera pour lui un fonds de connaissances, qui n'auront pas besoin d'un complément ultérieur pour être déjà utiles.

Dans l'intervalle des classes, je place pour chaque jour des exercices fort importants : du dessin, de l'écriture, de la musique vocale, même de la gymnastique. Donnons beaucoup aux arts, non-seulement dans un but d'utilité industrielle, mais parce que l'éducation de l'esprit se fait aussi par le beau, et rappelons-nous que les anciens croyaient nécessaire de développer le corps en même temps que l'intelligence :

.... *Mens sana in corpore sano.*

Vous connaissez maintenant, monsieur le Recteur, dans ses dispositions principales, la réorganisation que je désire entreprendre ; il faut encore en bien saisir l'esprit.

Avec nos élèves classiques, on se contente souvent de la théorie. Avec les élèves de l'enseignement spécial, on insistera sur la pratique. Rien ne sera donné à la spéculation pure ; au lieu de se borner à faire expliquer aux élèves l'anglais et l'allemand dans les livres, on les leur fera parler. On les mènera au laboratoire de chimie pour faire des manipulations, sur le terrain pour lever des plans, à la campagne pour étudier certaines cultures, dans les usines pour voir fonctionner les appareils. L'enseignement, en un mot, sera dirigé dans un esprit d'application.

J'ajoute qu'il le sera aussi dans un esprit national. On a quelquefois accusé les cours classiques, où l'on montre sans cesse les idées et les institutions de la Grèce et de Rome, de faire des Grecs et des Romains plutôt que des hommes de notre temps. Ce reproche ne pourra être adressé aux cours spéciaux, puisqu'il n'y sera question de la Grèce et de Rome que par hasard, de la France continuellement. Les élèves, en étudiant notre langue et ses chefs-d'œuvre, notre histoire et les grands exemples qu'elle fournit; en voyant, par le détail de la géographie, tout ce que notre pays a de ressources, de produits variés et de cités florissantes ; en remarquant, dans les notions de législation qui leur seront offertes, la conformité de nos lois civiles avec la raison du temps et la morale éternelle ; en retrouvant ainsi , sur toutes les voies où leur intelligence sera conduite, la patrie présente et glorieuse , les élèves ne pourront manquer de la bien connaître, de l'aimer, et plus tard de la bien servir.

Bacon disait : « Dieu prend soin du monde, à nous de prendre soin de la patrie. »

J'ai le ferme espoir, monsieur le Recteur, que le nouvel enseignement répondra aux besoins matériels comme aux intérêts moraux de notre bien-aimé pays.

Agréez, monsieur le Recteur, l'assurance de ma considération la plus distinguée.

Le Ministre de l'instruction publique,

V. Duruy.

V

Instruction aux Recteurs sur le règlement du 30 janvier, relatif à l'enseignement de la musique.

Paris, 15 février 1865.

Monsieur le Recteur,

Le règlement du 30 janvier 1865 a rendu l'enseignement de la musique obligatoire pour tous les élèves des écoles normales primaires, et pour les élèves des lycées jusqu'à la classe de quatrième inclusivement. En même temps il a créé, dans les lycées, un enseignement musical facultatif pour les élèves des classes supérieures.

Vous avez déjà compris que, par cela même que ce dernier enseignement est facultatif, il pourra ne pas être organisé dès aujourd'hui dans les établissements où les éléments de succès vous paraîtraient insuffisants.

Dans les lycées où les cours spéciaux sont organisés, l'enseignement de la musique est facultatif pour les élèves de cette catégorie.

Vous remarquerez que le règlement n'exclut pas des cours de musique les élèves externes; mais il est évident que, sur ce point, les convenances des familles devront être consultées.

Je n'ai rien à vous prescrire en ce qui concerne l'emploi du temps : c'est aux chefs d'établissements à vous soumettre leurs propositions à cet égard, de manière à favoriser l'application du règlement sans nuire à l'intérêt général des études. En vous occupant des voies et moyens les plus propres à assurer la bonne exécution de ce règlement, vous aurez à rechercher si le nombre et la valeur des maîtres de musique est partout en rapport avec les besoins nouveaux, et s'il ne peut être pourvu à ces besoins sans excéder les limites des anciens crédits. Dans le cas où un accroissement de dépenses serait jugé nécessaire, vous auriez à réunir les propositions de MM. les chefs d'établissements, et à me les transmettre avec votre avis motivé, de manière à faire un travail d'ensemble par académie. Je statuerais alors sur la suite à donner à ces propositions.

Pour l'adoption des ouvrages de musique à introduire dans l'enseignement, vous suivrez les règles qui ont été tracées pour les autres ouvrages classiques dans l'arrêté du 11 janvier et dans les instructions qui accompagnent cet arrêté.

Le règlement du 30 janvier 1865 n'a point parlé des méthodes : il s'est contenté de fixer le but sans déterminer la ronte à suivre. L'administration de l'instruction publique ne croit devoir prescrire ni prohiber aucune méthode d'enseignement musical : les maîtres et les chefs d'établissements restent libres de choisir, sous leur responsabilité, parmi celles que leur notoriété et leur succès recommandent. Je ne verrais même pas d'inconvénient à autoriser au besoin, à titre d'essai, surtout dans les écoles normales primaires, l'emploi de procédés abréviatifs qui paraîtraient dignes d'une attention sérieuse. Vous auriez soin, dans ce cas, de vous faire rendre compte, tous les trois mois, des résultats obtenus. Mais les méthodes ou les procédés mis en pratique devront, dans tous les cas, remplir la condition essentielle de ne pas aller contre le but définitif qu'on doit se proposer d'atteindre, c'est-à-dire la lecture et l'écriture musicales d'après la notation aujourd'hui en usage chez tous les peuples civilisés.

Recevez, monsieur le Recteur, l'assurance de ma considération très-distinguée.

Le Ministre de l'instruction publique,

V. Duruy.

TABLE.

PROGRAMMES SOMMAIRES.

PROGRAMMES DÉTAILLÉS.

Enseignement secondaire classique.

DIVISION DE GRAMMAIRE.

Imprimerie générale de Ch. Lahure, rue de Fleurus, 9, à Paris.

Abrégé de grammaire italienne, par P. Paoli. In-12, 1 fr. 25 c.

Exercices sur l'Abrégé de grammaire italienne, par C. I. Rapelli. In-12, 1 fr. 25 c.

Abrégé de grammaire espagnole, par P. Hernandez. In-12, 1 fr. 25 c.

Exercices sur l'Abrégé de grammaire espagnole, par P. Hernandez. In-12, 1 fr. 25 c.

Cours complet de grammaire espagnole, par P. Hernandez. In-8, 3 fr. 50 c

---

Cours de législation usuelle, par M. Grün, avocat, chef de la section législative aux Archives. 1 vol. in-12, broché. 3 fr. 50 c.

Ouvrage rédigé conformément au programme de l'enseignement secondaire
spécial.

Notions de philosophie, par M. Jourdain, membre de l'Institut. Neuvième
édition mise en harmonie avec les derniers programmes officiels. 1 volume
in-12, broché. 3 fr. 50 c.

Cours d'histoire, rédigé conformément aux derniers programmes officiels, à
l'usage des classes de grammaire et d'humanités, par M. V. Duruy. 6 vol. in-12,
avec cartes géographiques, cartonnés :

Abrégé d'histoire ancienne (Classe de sixième). 1 vol. 2 fr. 50 c.

Abrégé d'histoire grecque (Classe de cinquième). 1 vol. 2 fr. 50 c.

Abrégé d'histoire romaine (Classe de quatrième). 1 vol. 2 fr. 50 c.

Histoire de France et du moyen âge, du Ve au milieu du XIVe siècle (Classe
de troisième). 1 vol. 3 fr. 50 c.

*Histoire de France, du moyen âge et des temps modernes, du XIVe au milieu
du XVIIe siècle* (Classe de seconde) 1 vol. 3 fr. 50 c.

*Histoire de France et des temps modernes, depuis l'avénement de Louis XIV
jusqu'à 1815* (Classe de rhétorique). 1 vol. 3 fr. 50 c.

Histoire contemporaine, depuis 1789 jusqu'à nos jours, rédigée conformément
au programme officiel pour l'enseignement de l'histoire dans la classe de
philosophie, par M. Ducoudray, ancien élève de l'École normale supérieure,
agrégé d'histoire ; 2e édition. 1 vol. in-12, cartonné. 4 fr. 50 c.

Cours de géographie, rédigé conformément aux derniers programmes officiels,
à l'usage des classes de grammaire et d'humanités, par M. Cortambert. 6 volumes
in-12, cartonnés :

Géographie physique du globe et Géographie générale de l'Asie moderne
(Classe de sixième). 1 volume. 75 c.

Géographie générale de l'Europe et de l'Afrique modernes (Classe de
cinquième). 1 volume. 75 c.

Géographie générale de l'Amérique et de l'Océanie (Classe de quatrième).
1 volume. 75 c.

Description particulière de l'Europe (Classe de troisième). 1 vol. 1 fr. 50 c.

Description particulière de l'Asie, de l'Afrique, de l'Amérique et de l'Océanie
(Classe de seconde). 1 vol. 2 fr.

Révision de la géographie générale (Classe de rhétorique). 1 vol. 1 fr. 50 c.

Arithmétique, par M. Vernier, ancien inspecteur de l'Académie de Paris.
Onzième édition contenant toutes les matières indiquées par les derniers
programmes officiels pour l'enseignement de l'arithmétique dans les classes
d'humanités. 1 volume in-12, cartonné. 2 fr.

Géométrie, par M. Vernier. Quatorzième édition, contenant toutes les matières indiquées par les derniers programmes officiels pour l'enseignement de la géométrie dans les classes d'humanités. 1 vol. in-12, cartonné.   2 fr. 50 c.

Algèbre, à l'usage des classes d'humanités, par M. Vernier. 1 volume in-12, cartonné.   2 fr. 50 c.

Notions de physique, par M. Boutet de Monvel, professeur de physique et de chimie au lycée Charlemagne. Ouvrage comprenant toutes les matières indiquées par les derniers programmes officiels pour l'enseignement de la physique dans la classe de philosophie. 6e édition. 1 beau volume in-12, avec de nombreuses figures dans le texte. Prix, broché.   3 fr. 50 c.

Cours de physique, par le même auteur. Ouvrage comprenant les matières indiquées par les derniers programmes officiels pour l'enseignement de la physique dans les classes de mathématiques. 1 très-fort volume in-18 jésus, avec de nombreuses figures intercalées dans le texte. Prix, broché.   7 fr.

Notions de chimie, par le même auteur. Ouvrage comprenant les matières indiquées par les derniers programmes officiels pour l'enseignement de la chimie dans la classe de philosophie. 1 vol. in-12, avec des figures dans le texte. Prix, broché.   2 fr. 50 c.

Cours de chimie, par le même auteur. Ouvrage comprenant les matières indiquées par les derniers programmes officiels pour l'enseignement de la chimie dans les classes de mathématiques. 6e édition. 1 beau volume in-18 jésus avec des figures intercalées dans le texte. Prix, broché.   5 fr.

Exercices de traduction de français en anglais, à l'usage des classes de grammaire, par M. Eichhoff, ancien inspecteur de l'Académie de Paris. 1 vol. in-12, cartonné.   2 fr.

Exercices de traduction d'anglais en français, à l'usage des classes de grammaire, par le même auteur. Étude préparatoire aux *Morceaux choisis*, du même auteur. 1 vol. in-12, cartonné.   2 fr.

Morceaux choisis, *en prose et en vers, des classiques anglais*, par le même auteur. 3 vol. in-12, cartonnés :

    1er volume : Cours de Troisième.   1 fr. 50 c.
    2e volume : Cours de Seconde.   2 fr. 50 c.
    3e volume : Cours de Rhétorique.   3 fr. »

    Chaque volume contient un choix de morceaux en prose et en vers, et se vend séparément.

Les racines de la langue anglaise, rangées par désinences, avec des principes de grammaire et d'étymologie comparée, par le même auteur. 1 volume in-12, cartonné.   2 fr.

Exercices de traduction de français en allemand, à l'usage des classes de grammaire, par M. Eichhoff. 1 vol. in-12, cartonné.   2 fr.

Exercices de traduction d'allemand en français, à l'usage des classes de grammaire, par M. Eichhoff. Étude préparatoire aux *Morceaux choisis*, du même auteur. 1 vol. in-12, cartonné.   2 fr.

Morceaux choisis, *en prose et en vers, des classiques allemands*, par le même auteur. 3 vol. in-12, cartonnés :

    1er volume : Cours de Troisième.   1 fr. 50 c.
    2e volume : Cours de Seconde.   2 fr. 50 c.
    3e volume : Cours de Rhétorique.   3 fr. »

    Chaque volume contient un choix de morceaux en prose et en vers, et se vend séparément.

Les racines de la langue allemande, rangées par désinences, avec des principes de grammaire et d'étymologie comparée, par le même auteur. 1 volume in-12, cartonné.   2 fr.

Imprimerie générale de Ch. Lahure, rue de Fleurus, 9, à Paris.

www.ingramcontent.com/pod-product-compliance
Lightning Source LLC
LaVergne TN
LVHW012305170726
843503LV00002B/631